**Beihefte zur Berliner Theologischen Zeitschrift**
Intertheologie

# Beihefte zur Berliner Theologischen Zeitschrift

―

Herausgegeben im Auftrag
der Humboldt-Universität zu Berlin
durch die Theologische Fakultät

## 2025

# Intertheologie

---

XXXI. Werner-Reihlen-Vorlesung

Herausgegeben von
Torsten Meireis, Mira Sievers und Clemens Wustmans

DE GRUYTER

ISBN 978-3-11-158464-5
e-ISBN (PDF) 978-3-11-159504-7
e-ISBN (EPUB) 978-3-11-159574-0
ISSN 2748-8500

**Library of Congress Control Number: 2024945862**

**Bibliografische Information der Deutschen Nationalbibliothek**
Die Deutsche Nationalbibliothek verzeichnet diese Publikation in der Deutschen Nationalbibliografie;
detaillierte bibliografische Daten sind im Internet über http://dnb.dnb.de abrufbar.

© 2025 Walter de Gruyter GmbH, Berlin/Boston
Einbandabbildung: Bildnachweis: Rawpixel, iStock, Getty Images, Creative ID 1053735636.
Satz: Integra Software Services Pvt. Ltd.

www.degruyter.com
Fragen zur allgemeinen Produktsicherheit:
productsafety@degruyterbrill.com

# Inhaltsverzeichnis

Torsten Meireis, Mira Sievers, Clemens Wustmans
**Intertheologie in gewaltsamen Zeiten —— 1**

Mira Sievers
**Intertheologie im Praxistest: Das Beispiel der Verhüllung in den frühen Schriften von Judentum, Christentum und Islam —— 5**

Reinhold Bernhardt
**Theologie im „inter" —— 17**

Benedikt Schmidt
**Die normative Dimension (in) der Intertheologie —— 29**

Henrik Simojoki
**Intertheologie – praktisch-theologisch weitergedacht —— 41**

R. Daniel Krochmalnik
**Ḥamass und Genozid —— 53**

Tobias Specker SJ
**Mit dem Wildesel in die Heilsgeschichte? —— 65**

Torsten Meireis, Mira Sievers, Clemens Wustmans
# Intertheologie in gewaltsamen Zeiten
Einleitung

In einer Zeit, in der religiöse Differenzen zur Rechtfertigung von Terrorakten gegen zivile Opfer, von Kriegsverbrechen, von *hate speech* und Missachtung ganzer Bevölkerungsgruppen missbraucht werden, scheint die Beschäftigung mit einem religionsverbindenden Thema wie dem der Intertheologie merkwürdig unzeitgemäß. Die Betonung einer wechselseitigen konstruktiven Bezogenheit der Religionen und ihrer Theologien, besonders auch von Judentum, Christentum und Islam, könnte angesichts der allgemein zu beobachtenden Entzweiung und Polarisierung geradezu blauäugig erscheinen.

Doch genau das Gegenteil ist der Fall: Zum einen ist Intertheologie nur durch den Dialog miteinander möglich, in einem bewussten und konstruktiven Bemühen um die interreligiösen Beziehungen. Zum anderen ist es eine Tatsache, dass sich Religionen – und gerade auch die oben genannten – seit ihrer Entstehung theologisch aufeinander bezogen und aneinander entwickelt haben und gerade dadurch miteinander in Beziehung standen und stehen, wenn auch häufig in polemisch-konflikthafter Weise (Heyden 2022). Die Einsicht in die wechselseitige Abhängigkeit der Traditionsbildung und -fortschreibung ist insofern geradezu ein Antidot gegen eine intellektuelle Abschottung und die Konstruktion von Feindbildern.

Aus diesem Grund ist es plausibel und folgerichtig, dass die Bezogenheit der Religionen in einem sich religiös pluralisierenden Kontext wie der Bundesrepublik Deutschland nicht nur en passant festgestellt, sondern theoretisch reflektiert wird (Bernhardt 2019). Dabei werden neben den verschiedenen religiösen Perspektiven auch unterschiedliche fachliche Zugänge versammelt, von der praktischen Theologie über die Ethik bis hin zur systematischen Theologie. Der Berliner Kontext mit den an der Humboldt-Universität angesiedelten christlichen und islamischen Theologien und der in Potsdam präsenten jüdischen Theologie bietet im Zusammenwirken der wissenschaftlichen Reflexionsdisziplinen jüdischer, christlicher und islamischer Religionen auch ein institutionell enorm fruchtbares Habitat zur Thematisierung dieser Reflexion.

Das zeigen die Beiträge dieser Ausgabe der Beihefte zur Berliner Theologischen Zeitschrift, die die Werner Reihlen-Vorlesungen des Jahres 2023 dokumentieren und sich dem Thema der Intertheologie (Sievers/Specker 2021) widmen.

*Mira Sievers*, die das Konzept der Intertheologie gemeinsam mit Tobias Specker entwickelt hat, verdeutlicht zunächst noch einmal den spezifischen Gehalt dieses Zugriffs: Während kontroverstheologische Entwürfe in der Interaktion mit den Reflexionsdisziplinen anderer Religionen die Unterschiede markieren, zielt die intertheologische Reflexionsbemühung auf den Zwischenraum, in dem die jeweils andere Präsenz im eigenen Denken Platz hat. Diese Zwischenräume werden dann in zwei Erkundungen zu den Themen des koranischen Umgangs mit religiöser Pluralität (Q 5:48) sowie der Behandlung von Geschlechtlichkeit und Verhüllung ausgelotet. Dabei erweist sich der intertheologische Zugang unter anderem dadurch als fruchtbar, indem gezeigt werden kann, dass und inwiefern etwa das Thema der Verhüllung auch im spätantiken Kontext von Judentum und Christentum eine große Rolle spielt und somit nicht einfach als islamische Praktik markiert werden kann.

In seinem Beitrag unternimmt *Reinhold Bernhardt* eine systematische Einordnung des Konzepts der Intertheologie. Er unterscheidet einerseits verschiedene Bedeutungen des Präfixes ‚inter', das im Sinne des Begegnungsorts verschiedener Religionen, eines Interaktionsgeschehens oder des Resultats solcher Interaktionen verstanden werden kann. Er führt andererseits dann eine weitere Systematik ein, die sich an der Relationierung der verschiedenen Religionen orientiert: ‚multitheologische' Zugriffe gehen von einem pluralen Nebeneinander verschiedener Religionen aus, intertheologische Ansätze im engeren Sinn fokussieren die Interaktion der Religionen, ‚metatheologische' Konzepte zielen auf eine Transzendierung der einzelnen religiösen Traditionen. Bernhardt ordnet den Varianten Theologietheoriemodelle zu, in denen Intertheologie entweder in einem multitheologischen Sinn als komparative Relationierung unterschiedener Traditionen oder als Theologie eingedenk religiöser Alterität, in einem intertheologischen Sinn als Untersuchung religiöser Interferenzen oder metatheologisch als transreligiöse Theologie in den Blick kommt.

*Benedikt Schmidt* macht in seiner ethischen Reflexion des Konzepts der Intertheologie zunächst deutlich, dass ihre normative Bedingung eine Haltung darstellt, die weder einen kontextunabhängigen Universalismus noch ein Verharren im Binnendiskurs der jeweiligen Tradition favorisiert, sondern von den Möglichkeiten der Kontexttranszendierung, der Generalisierung moralischer Vorstellungen und der Durchlässigkeit der Positionen ausgeht. Intertheologie ist damit selbst ein normatives Unterfangen, sofern sie die Bereitschaft zur Anerkennung und die Reflexion ihrer Bedeutung, ihrer Orte und Bedingungen impliziert. Als geeigneten ethischen Ansatz innerhalb der intertheologischen Arbeit schlägt er die Verfahren der problemorientierten theologischen Ethik vor, die durch die Konzentration auf konkrete Herausforderungen unterschiedliche normative Perspektiven integrieren können und müssen.

In einer praktisch-theologischen Weiterführung des intertheologischen Ansatzes hebt *Henrik Simojoki* auf Joachim Willems' Begriff der ‚interreligiösen Überschneidungssituationen' ab, um den prozessualen – und oft auch konflikthaften – Charakter religiöser Pluralität zu betonen. Anhand der Beispiele eines medial interreligiös inszenierten Gottesdienstes und seiner akademischen Analyse, von Drei-Religionen-Projekten wie dem *House of One* oder dem Hamburger Modell eines Religionsunterrichts für alle werden die Mehrdimensionalität der Intertheologie, die sich eben sowohl auf Prozesse wie auf ihre akademische Reflexion bezieht, und ihre Dynamik betont, die sich aus der Praxis interreligiöser Überschneidungssituationen ergibt.

In einem essayistischen Beitrag erwägt *Daniel Krochmalnik* unter dem Eindruck der Ereignisse des siebten Oktober 2023 anhand der unterschiedlichen Bedeutungen des Wortes *Hamass*, wie sich die intertheologische Reflexion zu den Realitäten von terroristischer und kriegerischer Gewalt, von Antijudaismus und Hass zwischen den Religionen verhalten sollte. In einem Durchgang der wechselseitigen Rezeption der Auslegung des Kainsmotivs beschreibt er eine abrahamitische Hypermoral, der er moderne ‚Kainismen' kontrastiert, die eine gewissenlose Ausübung von Gewalt legitimieren. Unter Rekurs auf jüdische, christliche und islamische Quellen stellt er ihnen die Forderung nach einer intertheologischen Theologie des Volkes und Landes Israel entgegen.

Weil er Intertheologie als die Suche nach Vorstellungen konzeptualisiert, die geeignet sind, die systematische Bedeutung der historischen Verflechtung der Glaubenstraditionen zu akzentuieren, widmet sich *Tobias Specker SJ* dem Motiv der ‚Söhne Ismaels', das historisch in allen drei ‚abrahamitischen' Religionen von Bedeutung ist. Im Rekurs auf den libanesisch-maronitischen Theologen Michel Hayek und den Protestanten Berthold Klappert sucht er im ersten Teil des Aufsatzes eine Traditionslinie christlicher Theologie nachzuzeichnen, die Nachkommen Isaaks und Ismails heilsgeschichtlich verbindet, um im zweiten Teil diese Traditionslinie im differenzierten Rückgriff auf Resonanzen in Auslegungstraditionen des Koran zu untersuchen.

Eine theoretische Beschäftigung mit der Wechselwirkung der Religionen und ihrer Reflexionsdisziplinen in Geschichte und Gegenwart vermag die weltpolitischen Gewaltverhältnisse kaum zu sistieren, gleichwohl stellt sie einen Beitrag zu ihrer Überwindung dar, weil sie die wechselseitige Perspektivübernahme erfordert – und einübt.

Mit dem vorliegenden Beiheft zur Berliner Theologischen Zeitschrift wird der XXXI. Jahrgang der Werner-Reihlen-Vorlesungen dokumentiert. Großer Dank gilt zunächst der Stifterfamilie Reihlen, die seit 1991 im Gedenken an den 1945 im Alter von 18 Jahren gefallenen Werner Reihlen die Förderung des Gesprächs der evangelischen Theologie mit anderen Wissenschaften unter Betonung des ethischen Gesichtspunktes ermöglicht.

Als Herausgebende bedanken wir uns herzlich bei allen Autorinnen und Autoren, die mit ihren Beiträgen vielfältige und differenzierte Blicke auf die hochaktuelle Debatte um intertheologische Bemühungen ermöglichen und mit ihrer Bereitschaft zur Praxis des interreligiösen Gesprächs wichtige Impulse liefern. Für die gemeinsame Organisation und Durchführung der Werner-Reihlen-Vorlesungen gilt unser Dank dem gesamten Team des Berliner Lehrstuhls für Ethik und Hermeneutik, insbesondere Bettina Schön und Nina Knopp, die auch die vorliegenden Texte umsichtig redigiert haben. Schließlich danken wir den Herausgeberinnen und Herausgebern der Berliner Theologischen Zeitschrift sowie Dr. Albrecht Döhnert, Antonia Pohl und dem Team des Verlags de Gruyter für die gewohnt angenehme und unkomplizierte Zusammenarbeit.

Berlin, im August 2024

## Literaturverzeichnis

Bernhardt, Reinhold. 2019. *Inter-Religio. Das Christentum in Beziehung zu anderen Religionen.* Beiträge zu einer Theologie der Religionen 16. Zürich: TVZ.
Heyden, Katharina. 2022. „Dialogue as a Means of Religious Co-Production: Historical Perspectives." *Religions* 150, https://doi.org/10.3390/rel13020150.
Sievers, Mira und Tobias Specker. 2021. „Jenseits von Gemeinsamkeiten und Unterschieden." *Wort und Antwort* 62: 167–173.

Mira Sievers
# Intertheologie im Praxistest: Das Beispiel der Verhüllung in den frühen Schriften von Judentum, Christentum und Islam

## 1 Intertheologie: Widersprüche im „Zwischen"

Theolog:innen blicken häufig nicht ohne Stolz auf die lange Geschichte des eigenen Fachs, welche aufs Engste mit der mittelalterlichen Gründung der Universität als Institution in Europa zusammenhängt. Gerade in Kontexten, in denen die Wissenschaftsfähigkeit der Theologie angefragt wird, erfüllt dieser Verweis auch eine argumentative Funktion. Der Begriff der Theologie wird in diesem Zusammenhang üblicherweise synonym mit christlicher Theologie verstanden. Dies ist erst in der jüngeren Zeit fraglich geworden: Seit der Gründung mehrerer Zentren für Islamische Theologie nach den Empfehlungen des Wissenschaftsrats im Jahr 2010 und der damit einhergehenden Gründung einer Jüdischen Theologie in Potsdam im Jahr 2013 hat im deutschsprachigen Kontext eine Pluralisierung des Theologiebegriffs stattgefunden, die auch praktische Bedeutung hat.

Institutionell lässt sich dies in der Metropolregion Berlin/Potsdam besonders deutlich sehen: An der Humboldt-Universität existieren mit dem *Institut für Katholische Theologie* und dem *Berliner Institut für Islamische Theologie* nun seit 2019 mit der bereits seit Gründung der Universität bestehenden *Evangelisch-Theologischen Fakultät* – hinzu kommt die *School of Jewish Theology* an der Universität Potsdam – insgesamt drei bzw. vier Einrichtungen, die das Wort „Theologie" bereits im Namen tragen. Für Judentum und Islam ist die Rede von Theologie allerdings keine Selbstverständlichkeit – die Bezeichnungen „Jüdische Theologie" und „Islamische Theologie" sind beziehungsweise waren seit Langem umstritten. Für den Islam hatten noch 2010 die Empfehlungen des Wissenschaftsrats dezidiert diese Bezeichnung vermieden und stattdessen von „Islamischen Studien" gesprochen. In der Folge hat sich mit der Förderung durch das Bundesministerium für Bildung und Forschung bei der Gründung der universitären Zentren dennoch die Bezeichnung „Islamische Theologie" durchgesetzt – unter anderem aufgrund der Kritik von Vertreter:innen der Islamwissenschaften, welche bei der englischen Fachbezeichnung eine Vermischung von theologischer und nicht-theologischer Islamforschung befürchteten.

Trotz dieser Fragen zur Benennung lässt sich grundsätzlich feststellen, dass sich die nun vorhandene analoge Benennung der Fächer begründen lässt: Besonders Angehörige der drei Religionen Judentum, Christentum und Islam scheinen schon von Beginn ihrer Koexistenz ein Bewusstsein dafür gehabt zu haben, dass sie etwas Ähnliches tun, wenn sie über ihren eigenen Glauben nachdenken, sprechen und miteinander diskutieren. In diesem Sinne werden häufig die Argumente der Einen zur Herausforderung der Anderen: Wenn beispielsweise Moses Maimonides als jüdischer Denker des 12. Jahrhunderts in seinem berühmten *Führer der Unschlüssigen* die unterschiedlichen Positionen zur Frage nach menschlicher Willensfreiheit und göttlicher Vorherbestimmung diskutiert, dann führt er selbstverständlich die Schulmeinungen von muslimischen Kalām-Theologen der Muʿtazila und Ašʿariyya an, bevor er seine eigene Auffassung darlegt (1995, 95–99). Denn, so Maimonides, es handle sich hierbei um „die Ansichten der Menschen", welche seit jeher vertreten worden seien (90). In ähnlicher Weise befasst sich der muslimische Gelehrte Naǧm ad-dīn aṭ-Ṭūfī (gest. 1316) mit christlichen Auslegungen des Johannesprologs und lehnt die Möglichkeit der Inkarnation Gottes ab – sowohl als Auslegung des Bibeltexts als auch als dogmatische Positionierung (Demiri 2013, 302–307). Diese führe zu widersprüchlichen Ergebnissen im theologischen Denken. Sowohl Maimonides als auch aṭ-Ṭūfī erkennen daher in den Positionierungen der Anderen eine Herausforderung für das eigene theologische Denken, die nicht nur referiert, sondern auch widerlegt werden müssen, um Raum für die eigene Lehrmeinung zu schaffen.

Dieses sich-angesprochen-Fühlen durch das theologische Argument, die Herausforderung für das Eigene, die in der Positionierung der Anderen liegt, setzt etwas Gemeinsames voraus und findet selbst in einem „Raum des ‚Zwischen'" statt. Diese Feststellung hat eine Entsprechung in der philosophischen Erkenntnis des *principle of charity*, welches für die Interpretation von zentraler Bedeutung ist: Um einander überhaupt sinnvollerweise widersprechen zu können, ist vorher bereits ein größeres Maß an Übereinstimmung notwendig (Davidson 1973, 19). So teilen Sprecher:innen einer Sprache in hohem Maße Annahmen über die Bedeutung von Wörtern, Ausdrücken und Sätzen, und Gesprächspartner:innen sind sich auch im Großteil der weiteren Annahmen über die Welt einig. Übertragen auf die Theologie ist es gerade der geteilte Raum, der die Differenz erst möglich macht und bedingt.

Fokussiert man auf diese Beziehungen des sinnvollen Übereinkommens und Widersprechens sowie ihre Voraussetzungen, dann kann man von einem Ansatz der Intertheologie sprechen (Sievers/Specker 2021, 171–172): Dieser geht davon aus, dass Theologie als eine gemeinsame Errungenschaft der drei Religionen von Judentum, Christentum und Islam verstanden wird. Alle drei Theologien haben sich demnach von Anfang an in Auseinandersetzung miteinander konstituiert und nehmen auch weiterhin aufeinander Bezug. Diese andauernden interreligiösen Verflechtungen in der Gegenwart prägen auch die Religiosität von Individuen und der Gesellschaft und führen zu beständigen Aushandlungsprozessen, die auch selbst einer theologischen Deutung bedürfen.

Ein intertheologischer Ansatz ermöglicht insofern neue Einsichten, als dass er die wechselseitige Bezogenheit der Theologien aufeinander ernst nimmt und zum Ausgangspunkt der Reflexion macht: Während Kontroverstheologie gerade die Unterschiede in den Blick nimmt und in der Auseinandersetzung mit den Anderen die eigene Position schärfen will, fokussiert die Intertheologie auf die gleichzeitig gegebene beständige theologische Interaktion als Ursprung von Differenz. Im Raum des „Zwischen" hat dabei der jeweils Andere einen Platz und eine Präsenz im jeweils eigenen Denken – und nur im Raum des „Zwischen" können das Eigene und das Andere entstehen und sich gegenseitig hervorbringen.

Im Folgenden soll die so verstandene Intertheologie im doppelten Sinne einem „Praxistest" unterzogen werden: Zunächst wird aus islamischer Sicht anhand der Interpretationen von Q 5:48 gezeigt, wie bereits in der formativen Periode des Islams Unterschiede in der Praxis der verschiedenen Religionen theologisch gedeutet worden sind (2.). Danach soll anhand eines aktuellen Forschungsprojekts zum Thema der Geschlechtlichkeit und Sexualität aufgezeigt werden, welche exemplarischen Einsichten sich in der Praxis der intertheologischen Betrachtung von Verflechtungen zur Körperpraktik der Verhüllung gewinnen lassen (3.). Und abschließend wird reflektiert, welche Implikationen dies für das Projekt der Intertheologie haben kann (4.).

## 2 Q 5:48: Koranische und exegetische Reflexionen zum Raum des „Zwischen"

Da der Raum des „Zwischen" theologisch in hohem Maße deutungsbedürftig ist, finden sich entsprechende Passagen und Aussagen bereits in den religiösen Grundtexten. Im islamischen Kontext ist ein typisches Beispiel in einer der Koranstellen zu sehen, die die Beziehung zwischen der jüdischen, christlichen und islamischen Offenbarung reflektiert. Der Vers stammt aus der fünften Sure, *al-Māʾida*, und ist in der medinensischen Periode der Koranentstehung zu verorten, kurz vor Abschluss der Offenbarung. Nachdem in Q 5:44–47 von der Offenbarung der Tora an Moses und der Offenbarung des Evangeliums an Jesus berichtet wird und beide als „Rechtleitung und Licht" (*hudan wa-nūr*) bezeichnet werden, heißt es in Q 5:48 an Muḥammad gerichtet:

> Und Wir haben zu dir das Buch mit der Wahrheit hinabgesandt, damit es bestätige, was vom Buch vor ihm vorhanden war, und alles, was darinsteht, fest in der Hand habe. Urteile nun zwischen ihnen nach dem, was Gott herabgesandt hat, und folge nicht ihren Neigungen, damit du nicht von dem abweichst, was von der Wahrheit zu dir gekommen ist. Für jeden von euch haben Wir eine Richtung und einen Weg festgelegt (*širʿatan wa-minhāǧan*).

> Und wenn Gott gewollt hätte, hätte Er euch zu einer einzigen Gemeinschaft gemacht. Doch Er will euch prüfen in dem, was Er euch hat zukommen lassen. So eilt zu den guten Dingen um die Wette. Zu Gott werdet ihr allesamt zurückkehren, dann wird Er euch das kundtun, worüber ihr uneins wart.

Der Beginn des Verses thematisiert „das Buch" (al-kitāb), womit wohl die himmlische Quelle der Offenbarung gemeint ist, welches in Form des Korans an den Propheten Muḥammad herabgesandt wurde. Dies sei eine Bestätigung (muṣaddiq) der vorherigen Offenbarungen, dem Kontext nach also Tora und Evangelium.

Anlass für exegetische Nachfragen war aber vor allem der zentrale Satz „Für jeden von euch haben Wir eine Richtung und einen Weg festgelegt" (li-kullin ğaʿalnā minkum širʿatan wa-minhāğan): Ein Teil der späteren Exeget:innen geht im Anschluss an die frühislamische Deutung, die Qatāda b. Diʿāma (gest. 735) zugeschrieben wird, davon aus, dass dieser Vers auf eine gewisse Pluralität unter den auf göttliche Offenbarung zurückgehenden Gemeinschaften hinweist, während sie im Kern den selben Glauben vertreten würden. Qatāda hatte dies laut dem Exegeten aṭ-Ṭabarī (gest. 923) wie folgt formuliert:

> (Gemeint mit „eine Richtung und einen Weg") ist ein Pfad (sabīl) und eine Handlungsweise (sunna). Die Handlungsweisen unterscheiden sich: Die Tora hat eine Scharia, das Evangelium hat eine Scharia und der Koran hat eine Scharia. Gott gebietet und verbietet darin was er will, als Prüfung. Aber der Glaube ist einer, nichts wird akzeptiert außer dem Eingottglauben (tawḥīd) und der aufrichtigen Verehrung (iḫlāṣ) Gottes, was die Propheten gebracht haben (Ṭabarī 2001, 8:493 f.).

Von Qatāda wird eine islamische Terminologie verwendet – nämlich „Scharia" (šarīʿa) für das jeweilige religiöse Gesetz –, die gleichzeitig Ausmaß und Grenzen der Unterschiedlichkeit festlegt: Während eine Unterschiedlichkeit in den Normen der jeweiligen Gesetze der Gemeinschaften für ihn durchaus denkbar ist und gemäß dem weiteren Wortlaut von Q 5:48 als Prüfung fungiert, soll der Glaube der unterschiedlichen religiösen Gemeinschaften im Kern identisch sein, nämlich monotheistisch. Für diesen geteilten Glauben verwendet Qatāda wiederum die typisch islamische Bezeichnung des Eingottglaubens (tawḥīd), der im Verlauf der Theologiegeschichte unterschiedlich interpretiert worden ist.

Eine andere Deutung dieses Verses, die ebenfalls Teil des frühislamischen exegetischen Überlieferungsguts ist, hebt deutlich weniger auf eine solche Pluralität ab. Sie ist mit dem Namen von Muğāhid b. Ğabr (gest. 722) verbunden:

> (Gemeint mit „eine Richtung und einen Weg") ist ein (einziger) Pfad für euch alle. Wer in die Religion Muḥammads – Gott segne ihn und schenke ihm Heil – eintritt, für den hat Gott eine Richtung und einen Weg gemacht. Er sagt: Der Koran hat eine Richtung und einen Weg (Ṭabarī 2001, 8:394 f.).

Muǧāhid betont hier das Wort „eine" bei „eine Richtung" und macht deutlich, dass auch für die Jüd:innen und Christ:innen als religiöse Gemeinschaften von Tora und Evangelium nach der Sendung des Propheten Muḥammad als letztem Propheten nur noch dieses eine Gesetz Gültigkeit beanspruchen könne – nämlich die Scharia des Korans. In diesem Sinne wäre Q 5:48 eine Zurückweisung religiöser Vielfalt; die Prüfung für die Menschen läge lediglich darin, dass die Angehörigen der früheren religiösen Gemeinschaften den Propheten Muḥammad anerkennen und dessen Offenbarung akzeptieren müssten. Nur in der übergreifenden zeitlichen Perspektive wäre dann eine Pluralität zu beschreiben, bei der aber die jeweils spätere Offenbarung die jeweils frühere ersetzt beziehungsweise abrogiert hätte (nasḫ).

Was bedeuten diese beiden Deutungen dann für den „Raum des ‚Zwischen'"? Sowohl für Muǧāhid als auch für Qatāda können von der eigenen islamischen Religion abweichende Positionierungen eingeordnet werden: Da der eine Gott sich mehrfach in unterschiedlichen Kontexten offenbart hätte, seien dadurch auch verschiedene Gemeinschaften entstanden. Während Q 5:48 für Muǧāhid jedoch gerade betont, dass diese durch die Sendung Muḥammads allesamt als abrogiert gelten müssen und durch ein einziges Gesetz abgelöst worden seien, unterscheidet Qatāda zwischen unterschiedlichen Glaubens- und Handlungsnormen. Eine abweichende Praxis von Jüd:innen und Christ:innen – wie beispielsweise ein unterschiedlicher Bestand an Speisegeboten, Pilgerriten oder Gebetsformen – könne durchaus Teil des gottgewollten Gesetzes dieser Gemeinschaften sein und könnte daher auch eine Legitimität beanspruchen. Allerdings wäre eine Abweichung in der Glaubenslehre auch für Qatāda abzulehnen.

In der Gegenwart lässt sich beobachten, dass insbesondere diejenigen Muslim:innen, die koranische Argumente für religiöse Vielfalt suchen, Q 5:48 als einen zentralen Bezugstext verwenden, um den „Raum des ‚Zwischen'" wohlwollend zu deuten: So argumentiert beispielsweise Asma Afsaruddin, dass frühe inklusive Lesarten dieses und anderer Verse erst nach dem achten Jahrhundert in Prozessen der Abgrenzung von anderen Religionen zugunsten von Interpretationen der Ersetzung früherer Gemeinschaften aufgegeben worden seien. Die Pluralität der Religionen erscheine aber gerade im Koran als gottgewollt und müsse daher in der Gegenwart wiederentdeckt werden (Afsaruddin 2007). Solche modernen Lesarten von Q 5:48 gehen daher noch über die überlieferte Deutung von Qatāda hinaus und versuchen theologische Grundlagen für religiöse Vielfalt zu ermöglichen. Sie argumentieren aber auch – unter Rückgriff auch einen historischen Zugang –, dass selbst die Verhärtung in der Abgrenzung voneinander ein Produkt der intertheologischen Auseinandersetzung war.

Während Q 5:48 in eher abstrakter Form das Verhältnis von unterschiedlichen Gemeinschaften reflektiert und deutet, zeigt sich die praktische Bedeutung der jeweiligen Verflechtungen erst mit Blick auf konkrete Fragestellungen. Daher soll nun das Thema der Verhüllung als ein solches Beispiel näher in den Blick genommen werden.

## 3 Intertheologische Annäherungen an Verhüllung

Inhaltlich sehr konkrete Fragestellungen untersuchen wir im aktuell laufenden Projekt „Geschlechtlichkeit und Sexualität in den frühen Schriften von Judentum, Christentum und Islam", welches Charlotte Fonrobert, Annette Weissenrieder, Katharina Pyschny und ich im Kontext des Elisabeth-List-Fellowship-Programms an der Universität Graz durchführen. Dabei wird nicht auf eine Gesamtdarstellung zu Geschlechtlichkeit und Sexualität in den Schriften der drei Religionen abgezielt, sondern es werden besonders hervorgehobene Themen wie gleichgeschlechtliche Beziehungen, Ehe oder Prostitution untersucht, indem Texte aus dem Alten Testament/der Hebräischen Bibel, dem Neuen Testament, dem rabbinischen Schrifttum, dem Koran sowie den frühislamischen Schriften untersucht werden. Neben der wissenschaftlich etablierten textwissenschaftlichen Analyse der ausgewählten Quellen stehen dabei besonders die interreligiösen Beziehungen im Mittelpunkt, die im Hinblick auf Verflechtungen und Austauschprozesse sowie deren jeweilige Deutungen untersucht und für die Gegenwart reflektiert werden. In diesem Sinne zielt das Projekt gleichzeitig auf neue Erträge im Material ab und erprobt dabei einen intertheologischen Ansatz in der Praxis. Im Folgenden sollen exemplarisch erste Einsichten skizziert werden, die sich aus der Beschreibung von Verflechtungen und der Deutung von Austauschprozessen aus islamisch-theologischer Sicht ergeben haben.

Das erste im Projekt behandelte Thema war dasjenige der Verhüllung, also diejenige Körperpraktik, die gegenwärtig vor allem mit muslimischen Frauen in Verbindung gebracht wird. Für die christlichen und jüdischen Kolleginnen hat die Beschäftigung mit Verhüllung erst einmal Fragen aufgeworfen und zu einem Bedarf der genaueren Bestimmung der zu untersuchenden Quellen geführt. Denn es hat sich sehr schnell gezeigt, dass bei der Reflexion über das Oberthema von Geschlechtlichkeit und Sexualität sehr unterschiedliche Spitzenthemen in den jeweiligen jüdischen, christlichen und islamischen Einzelperspektiven als vorrangig relevant erscheinen. Während beispielsweise das Thema der Jungfrauenschaft als Lebensform der Ehelosigkeit für frühchristliche Texte eine große Bedeutung hat, wird eine jüdische Sicht eher die detaillierten rabbinischen Diskussionen der Ehe und Scheidung in den Blick nehmen. Im Ergebnis hat das Thema der Verhüllung aber in allen untersuchten Corpora zu einer Vielzahl relevanter Texte geführt und eine Diskussion der Verflechtungen ausgelöst.

Für die frühen Texte des Islams ist das Thema der Verhüllung tatsächlich von besonderer Bedeutung: Mit Q 33:53, Q 33:59 und Q 24:31 existieren bereits im Koran drei Verse, die in diesem Zusammenhang üblicherweise genannt werden, die sich allerdings sowohl in der Wortwahl als auch in den Kontexten unterscheiden, auch wenn sie allesamt aus der spätmedinensischen Zeit der Koranentstehung ab ungefähr dem Jahr 626 u.Z. stammen: Während in Q 33:53 mit dem Wort *ḥiǧāb* die Abschirmung in einem räumlichen Sinne gemeint ist, erwähnen Q 33:59 und Q 24:31 mit den Wörtern *ǧilbāb* und *ḫimār* explizit Bekleidungsstücke von Frauen. Darüber hinaus finden sich innerhalb des Korpus der untersuchten frühislamischen Schriften eine Vielzahl weiterer relevanter Texte, darunter Überlieferungen des Propheten, historiographische Texte und Rechtstexte.

Im intertheologischen Gespräch hat sich insbesondere Q 33:59 als zentral erwiesen. Dieser Vers ist auch für die innerislamische Diskussion von großer Bedeutung, wird aber gleichzeitig auch in der übergreifenden Betrachtung zwischen den Corpora besonders erhellt. Der Vers lässt sich wie folgt übersetzen:

> O Prophet, sprich zu deinen Ehefrauen, deinen Töchtern und den Frauen der Gläubigen, sie sollen etwas von ihren Gewändern (*ǧalābīb*) herunterziehen. Dies ist geeigneter, damit sie erkannt und nicht belästigt werden. Gott ist vergebend, barmherzig.

Exegetisch ist hierbei vor allem die Bedeutung des Begriffs des Gewands (*ǧilbāb*, Pl. *ǧalābīb*) von Bedeutung sowie die in den einschlägigen Werken diskutierte Offenbarungssituation im Entstehungskontext. Zur Wortbedeutung lässt sich zusammenfassen, dass *ǧilbāb* in der vor- und frühislamischen Zeit wohl üblicherweise ein Übergewand beziehungsweise einen Überwurf für Frauen bezeichnet hat, der den Kopf und den ganzen Körper bedeckt hat (Fischer 2005, 184; Stillman 2000, 13, 140–141). In diesem Sinne würde es sich um einen Bestandteil der üblichen Kleidung von Männern und Frauen in der damaligen Zeit handeln, die neben dem Übergewand noch aus Untergewand, Kopfbedeckung und Schuhen bestand (Stillman 2000, 10). Die Aufforderung zum Herunterziehen erschließt sich aber erst bei einer näheren Betrachtung des Kontexts.

Als Offenbarungssituation wird in der exegetischen Tradition allerdings kein bestimmtes einzelnes Ereignis angegeben, welches die Offenbarung des Verses veranlasst hätte, sondern es wird allgemeiner auf die für Frauen prekäre Situation in der Nacht in Medina verwiesen. So zitiert aṭ-Ṭabarī eine Überlieferung, nach der Männer in der Stadt am Wegesrand saßen und Frauen nachstellten, die nachts zur Erledigung ihres Bedürfnisses nach draußen gingen. Durch die Aufforderung zur erweiterten Verhüllung seien die muslimischen Frauen „erkannt worden", wie es in dem Vers heißt, womit nach aṭ-Ṭabarī „als freie Frauen erkannt werden" gemeint sei (2001, 19:183). Der Kontext lässt sich also in einem weiteren Sinne in der engen Verbindung von Kleidung und Sozialstatus in der Offenbarungszeit sehen, welche den Hintergrund für die koranische Aufforderung zur Verhüllung mit dem *ǧilbāb* darstellt.

Auch in der gegenwärtigen Diskussion spielt die Relevanz des Sozialstatus für das Verständnis dieses Verses eine wichtige Rolle: Auf der einen Seite lässt sich der Imperativ als Konzession an den historischen Kontext verstehen, in dem bestimmte soziale Konventionen in Geltung waren und die Regelung bedingt haben, so dass eine Übertragung auf die heutige Situation unzulässig erscheint. Auf der anderen Seite stellt sich die Frage, ob ein solcher Umgang mit sexueller Belästigung nicht gerade für die Sklavinnen als in höchstem Maße unprivilegierter Gruppe die Situation verschlimmert hat und nicht eigentlich eine andere Reaktion zielführender wäre, auf jeden Fall aber im gegenwärtigen Kontext (El Omari 2021, 192–197). Solche und ähnliche Argumente finden sich bei mehreren Autor: innen in der Moderne, darunter bei Asma Barlas, Laila Ahmed und Khaled Abou El Fadl (El Omari 2021, 194–197).

Im Kontext des Projekts macht Katharina Pyschny deutlich, dass die Verbindung von Verhüllung und Sozialstatus bereits für die Texte des Alten Testamtents diskutiert wird. Dies lässt sich beispielsweise in Gen 24,61–65 sehen, wo sich Rebekka bei der ersten Begegnung mit ihrem zukünftigen Ehemann Isaak verhüllt. In Vers 65 heißt es: „Der Diener sprach: Das ist mein Herr. Da nahm sie den Schleier (*tsaʿif*) und verhüllte sich."[1] Dies kann so interpretiert werden, dass die Verhüllung mit dem Schleier Teil der Hochzeitsriten ist (Oswald 2019, 456) beziehungsweise dass die Verhüllung das Vorrecht einer (freien) Ehefrau ist. Tatsächlich ist eine solche Vorstellung in der weiteren Umwelt der Hebräischen Bibel verortet worden: So heißt es beispielsweise in mittelassyrischen Rechtstexten, dass Ehefrauen sich verhüllen, weibliche Sklaven sich aber nicht verhüllen dürfen und bei Verstoß festgenommen werden sollen (Pritchard 1996, 183). Eine Verbindung von Verhüllungspraktiken und Sozialstatus ist daher nicht nur für den koranischen Entstehungskontext, sondern bereits viel früher für Mesopotamien bezeugt und möglicherweise auch in der Hebräischen Bibel reflektiert.

Sowohl Charlotte Fonrobert als auch Annette Weissenrieder haben in den Projektdiskussionen darauf hingewiesen, dass in den von ihnen behandelten frühen jüdischen und christlichen Texten „arabische" Frauen in besonderem Maße mit Formen der Verhüllung assoziiert werden. In der Mischna heißt es im Traktat Shabbat (6,6): „Arabische Frauen dürfen verschleiert hinausgehen" – eine Aussage, die sich wohl auf jüdische arabische Frauen bezieht.[2] Und auch Tertullian

---

[1] Die Bibelübersetzung folgt der Zürcher Bibel.
[2] Die Mishna-Texte sind der Sefaria-Version entnommen und von mir übersetzt, URL: https://www.sefaria.org/Mishnah_Shabbat (17.06.2024).

erwähnt in seinem Text *De virginibus velandis* (Über die Verschleierung der Jungfrauen) die „heidnischen Frauen Arabiens", die sogar ihr Gesicht verhüllen und nur ein Auge unbedeckt lassen (Tertullian 1882, Kapitel 17). In beiden Texten wird auf spezielle und weitreichendere Verhüllungspraktiken arabischer Frauen Bezug genommen, die eine regionale Besonderheit dargestellt zu haben scheinen. Dies ist auch bei der Interpretation der entsprechenden Koranstellen zu bedenken, die solche sozialen Konventionen voraussetzen.

Der Tertullian-Text ist aus islamisch-theologischer Sicht aber noch aus einem anderen Grund von besonderem Interesse: Die Schrift zur Verhüllung ist vor dem Hintergrund des „karthagischen Schleierstreits" entstanden, bei dem unter Bezugnahme auf 1 Kor 11 diskutiert wurde, ob die Verpflichtung zum Schleiertragen im Gottesdienst neben verheirateten Frauen auch unverheiratete junge Frauen betraf (Elßner 2004, 319). Zwar richtet sich Tertullian in seinem Text auch mit einer Ermahnung an die verheirateten Frauen, für die „Schamhaftigkeit anderer Art Pflicht" sei, es wird jedoch vorausgesetzt, dass diese Praxis ohnehin nicht im gleichen Maße strittig sei (Tertullian 1882, Kapitel 17). Tertullians Argumente sind vielschichtig – exegetisch und damit bezogen auf den Paulusbrief, bezogen auf die angenommene Naturgemäßheit der Verhüllung und auch unter Rückgriff auf die normative Praxis von Kirche und Gemeinde (Elßner 2004, 326–327). In intertheologischer Perspektive ist es vor allem aufschlussreich, wie nah die Argumentationen Tertullians an den späteren islamischen Schriften der Frühzeit sind. Zwar wird bei Tertullian auf Besonderheiten arabischer Verhüllungspraktiken verwiesen, die grundsätzliche Diskussion des Themas verläuft bei ihm aber rein auf Basis von christlichen beziehungsweise rationalen Argumenten. Dies macht deutlich, dass eine Verengung der Verhüllungsdiskussion auf den islamischen Kontext zumindest mit Blick auf die früheren Quellen wenig zielführend ist.

# 4 Implikationen für das Projekt der Intertheologie

Abschließend soll zusammengefasst werden, welche Implikationen sich aus den diskutierten Beispielen für das Projekt der Intertheologie ergeben können. *Erstens* ist dazu festzuhalten, dass das Theologietreiben im „Zwischen" mit Unsicherheiten bereits bei den Ansatzpunkten verbunden ist: Trotz historisch bestehender Verflechtungen ergeben sich aus der gegenwärtigen Perspektive unterschiedliche Schwerpunktsetzungen, die auch zu unterschiedlichen Annäherungen an das Material führen. Im Projekt haben wir uns darauf geeinigt, kumulativ zu verfahren und aus den unterschiedlichen theologischen Einzelperspektiven her kommend Ansatzpunkte vorzuschlagen, die dann auch in den anderen religiösen Traditionen verfolgt werden. Auch wenn sich dies im vorliegenden Fall als zielführend erwiesen hat und die jüdischen und christlichen Kolleginnen zum Thema der Verhüllung unerwartet weitreichende Debatten ausgearbeitet haben, ist abzuwarten, wie sich dies im Gesamtverlauf des Projekts entwickeln wird.

*Zweitens* ist die offensichtliche Asymmetrie im Hinblick auf mögliche Reflexionen früherer Texte zu bedenken: Während bereits in den frühen islamischen Quellen selbst Auseinandersetzungen mit jüdischen und christlichen Konzepten, Argumenten und Texten zu beschreiben sind, ist dies umgekehrt natürlich nicht der Fall. Beim Beispiel der Verhüllung war alleine die Aufarbeitung der lebendigen spätantiken Debatten im Vorislam von großer Bedeutung. Diese Erkenntnisse führen sehr direkt zu einer besseren Interpretation der islamischen Texte. Direkte intertheologische Austauschprozesse in alle Richtungen sind aber nur in den zeitgleichen und damit späteren christlichen und jüdischen Texten zu beschreiben.

*Drittens* ist auch bei der historischen Beschäftigung mit antiken und spätantiken Texten zum Thema der Verhüllung deutlich geworden, wie relevant das Projekt der Intertheologie für die Gegenwart ist: Die grundsätzliche „Unterstellung der Islamizität" bei der Verhüllung ist angesichts der behandelten Texte fraglich geworden. Dadurch erscheinen gerade die gegenwärtigen Differenzmarkierungen in einem anderen Licht: Religiös sind die Positionen bereits in den Quellen stärker miteinander verflochten als gedacht – und auch politisch sollten davon ausgehend Prozesse des Othering neu hinterfragt werden.

## Literaturverzeichnis

Afsaruddin, Asma. 2007. „Celebrating Pluralism and Dialogue: Qur'anic Perspectives." *Journal of Ecumenical Studies* 42:389–406.

Davidson, Donald. 1973. „On the Very Idea of a Conceptual Scheme." *Proceedings and Addresses of the American Philosophical Association* 47:5–20.

Demiri, Lejla. 2013. *Muslim Exegesis of the Bible in Medieval Cairo Najm al-Dīn al-Ṭūfī's (d. 716/1316) Commentary on the Christian Scriptures. A Critical Edition and Annotated Translation with an Introduction.* Leiden/Boston: Brill.

El Omari, Dina. 2021. „Eine Feministisch-Exegetische Perspektive zu vermeintlichen Verhüllungsgeboten des Korans". In *Kopftuch(Verbot): Rechtliche, theologische, politische und pädagogische Perspektiven*, hg. v. Ranja Ebrahim und Ulvi Karagedik, 185–208. Wiesbaden: Springer Fachmedien.

Elßner, Thomas R. 2004. „Tertullian und der gegenwärtige Kopftuchstreit: Eine Relektüre". *Zeitschrift für Religions- und Geistesgeschichte* 56:317–331.

Fischer, Wolfdietrich. 2005. „Der Schleier der Frau in der altarabischen Stammesgesellschaft". In *Alltagsleben und materielle Kultur in der arabischen Sprache und Literatur. Festschrift für Heinz Grotzfeld zum 70. Geburtstag*, hg. v. Thomas Bauer und Ulrike Stehli-Werbeck, 173–184. Wiesbaden: Harrassowitz.

Maimonides, Moses. 1995. *Führer der Unschlüssigen. Drittes Buch. Übersetzung und Kommentar von Adolf Weiß m kleinit einer Einleitung von Johann Maier.* Hamburg: Felix Meiner.
Oswald, Wolfgang. 2019. „Veiling Moses' Shining Face (Exod. 34:29–35)". In *Clothing and Nudity in the Hebrew Bible*, hg. v. Christoph Berner, Manuel Schäfer, Martin Schott, Sarah Schulz und Martina Weingärtner, 449–457. London/New York: Bloomsbury.
Pritchard, James B., Hg. 1996. *Ancient Near Eastern Texts Relating to the Old Testament. Third Edition with Supplement.* Princeton, NJ: Princeton University Press.
Sievers, Mira und Specker, Tobias. 2021. „Intertheologie: Jenseits von Gemeinsamkeiten und Unterschieden." *Wort und Antwort* 62:167–173.
Stillman, Norman/Yedida Stillman. 2000. *Arab Dress, A Short History: From the Dawn of Islam to Modern Times.* Leiden/Boston: Brill.
aṭ-Ṭabarī, Abū Ǧaʿfar Muḥammad b. Ǧarīr. 2001. *Tafsīr aṭ-Ṭabarī. Ǧāmiʿ al-bayān ʿan taʾwīl āy al-Qurʾān.* Ed. ʿAbdallāh b. ʿAbd al-Muḥsin at-Turkī. 24 Bde. Gizeh: Haǧar.
Tertullian. 1882. „De virginibus velandis. Über die Verschleierung der Jungfrauen", Übersetzung von Karl Adam Heinrich Kellner entnommen aus der Bibliothek der Kirchenväter, URL: https://bkv.unifr.ch/de/works/cpl-27/versions/uber-die-verschleierung-der-jungfrauen-bkv (15.05.2024).
Wissenschaftsrat, Hg. 2010. *Empfehlungen zur Weiterentwicklung von Theologien und religionsbezogenen Wissenschaften an deutschen Hochschulen.* Köln: Wissenschaftsrat. Abrufbar unter: https://www.wissenschaftsrat.de/download/archiv/9678-10.

Reinhold Bernhardt
# Theologie im „inter"
Ansätze relationaler Theologie

In diesem Beitrag will ich der Frage nachgehen, was das Präfix „inter" in Begriffen wie „Interreligiosität", „interreligiöse Theologie" oder „Intertheologie" bedeutet bzw. bedeuten kann. Ist das „zwischen" eher *räumlich* zu denken, als *third space*, der verschieden ist von den beiden Entitäten, die sich in diesem Zwischenraum treffen? Oder ist es weniger als Begegnungs- und Erkenntnis*ort* aufzufassen, sondern bezeichnet das *Geschehen*, das sich in diesen Kontaktzonen ereignet, d. h. den Prozess der Interaktion der beiden Entitäten, in diesem Fall also zweier Religionsformationen? Oder geht es vor allem um das *Resultat* dieses Prozesses: das, was in und aus diesen Interaktionen, Beeinflussungen und Durchdringungen entsteht? In den Programmentwürfen interkultureller und interreligiöser Theologien stehen diese drei Aspekte nicht trennscharf nebeneinander, sondern sind miteinander verbunden. Sie treten aber mehr oder weniger stark in den Vordergrund.[1]

Diese Programme lassen sich nicht auf ein klar definiertes Verständnis des „Inter" festlegen. Gemeinsam ist ihnen, dass sie vom Modell der „Beziehung" ausgehen, das aus drei Komponenten besteht: (a) Zwei oder mehrere, voneinander verschiedene Entitäten (in diesem Fall können dies religiöse Individuen, Religionsgemeinschaften oder Religionstraditionen, einschließlich ihrer reflexiven Selbstvergewisserungen, sein) (b) treffen zusammen bzw. werden in ein Verhältnis zueinander gesetzt, wobei es (c) zu Affizierungen und Transformationen kommt. Diese Transformationen können das Subjekt betreffen, das die Beziehung herstellt (also etwa die religionsdialogisch arbeitende Theologin), aber auch die sich begegnenden Entitäten selbst (indem es bei den involvierten Religionsformationen zu Verflechtungs- oder auch zu Abgrenzungsreaktionen kommt). Differenz – Relation – Transformation, so lassen sich die drei Komponenten auf den Begriff bringen. Ohne Differenz ist die Pluralität in eine Einheit aufgehoben, ohne Relation zerfällt die Pluralität in ein Nebeneinander von Monaden und ohne Transformation ist die Beziehung tot und verdient diese Bezeichnung nicht. Eine zu starke Betonung der Einheit auf der einen Seite und der Differenz auf der anderen Seite ist mit dem Modell „Beziehung" also nicht kompatibel. In beiden Fällen gibt es kein „Inter".

---

[1] Siehe dazu die von Niels Weidtmann aus der Perspektive der interkulturellen Philosophie entwickelte „Kleine Phänomenologie des Zwischen" (Weidtmann 2019, bes. 10–13).

Um keines der Theologieprogramme, die im „intertheologischen" Diskursfeld relevant sind, aus der Betrachtung auszuschließen, fasse ich das „inter" in den Begriffen „Interreligiosität", „interreligiöse Theologie" oder „Intertheologie" in einem weiten Sinn, der nach der einen Seite hin *multi*religiöse und nach der anderen Seite hin *trans*religiöse Theologieverständnisse einschließt. Im engeren Sinn kann man „interreligiös" den Nachbarbegriffen „multireligiös" und „transreligiös" gegenüberstellen: Der Begriff „multireligiös" bezeichnet vor allem die Situation der Religionsvielfalt, „interreligiös" das Begegnungsgeschehen innerhalb dieser Vielfalt und „transreligiös" das Überschreiten der Vielfalt in Richtung auf eine „höhere" Einheit hin. In diesen drei Begriffen kommen damit die drei eingangs genannten Bedeutungsnuancen des „inter" zum Ausdruck: erstens ein eher räumliches Verständnis in der Beschreibung des *Neben*einanders der Religionen, zweitens ein prozesshaftes im Blick auf das interreligiöse Begegnungsgeschehen, also des *Mit*einanders, und drittens die Leitvorstellung eines bestimmten Resultats, das sich in und aus dieser Begegnung ergeben kann: ein *In*einander auf einer höheren Ebene.

Die drei Begriffe können in einem eher *beschreibenden* Sinn gebraucht werden: „Multireligiös" verweist dann auf das Faktum der Religionspluralität, „interreligiös" auf Interferenzen und Begegnungsprozesse der Religionsformationen und -traditionen in Geschichte und Gegenwart, „transreligiös" auf metareligiöse Einheitskonzepte (wie etwa das Konzept der natürlichen Vernunftreligion in der Aufklärung). Die Begriffe können aber auch *normativ* aufgeladen sein bzw. werden: „Multireligiös" ist dann mit einer Wertschätzung der Religionspluralität als einer (sozial, kulturell, religiös, theologisch) kreativen Ressource verbunden, „interreligiös" impliziert die Erwartung, aus der Nutzung dieser Ressource Impulse für das Zusammenleben in religionspluralen Gesellschaften oder für das Selbstverständnis und die Praxis der Religionsgemeinschaften zu bekommen, „transreligiös" legt es nahe, die historisch bzw. biographisch geprägten Religionsformen zusammen- und über sich hinauszuführen. Alle drei Begriffe enthalten in der Regel eine Präferenz für alteritätsoffene Begegnungsformen und dialogische Beziehungsgestaltungen in der Begegnung verschiedenreligiöser Individuen, Religionsgemeinschaften und Religionsformationen.

Die drei Begriffe lassen sich auch in ein sukzessives Verhältnis zueinander setzen: Während sich der Blick bei der Beschreibung der Multireligiosität auf die Ausgangssituation der Religionsbegegnung – auf die Gegebenheit der Religionsvielfalt – richtet und bei „Interreligiosität" das Begegnungsgeschehen selbst im Fokus steht, zeigt „Transreligiosität" eine postulierte Zielsetzung der interreligiösen Vermittlung an: die Transzendierung der sich begegnenden Religionsformationen. Der erste der Begriffe konstatiert die Vielfalt, der zweite lenkt den Blick auf die Prozesse, die sich beim Aufeinandertreffen der vielfältigen Religionsformen ereignen, und der dritte zielt auf eine pluriforme Einheit.

Bisher war von Religion die Rede. Bezogen auf das Verständnis und die Praxis der *Theologie* ergeben sich aus dieser Unterscheidung drei Optionen für eine „Intertheologie", die allerdings nicht auf der gleichen Ebene liegen und deshalb auch nicht gegeneinander exklusiv sind: Erstens das Modell eines Nebeneinanders verschiedener konfessioneller bzw. religionsspezifischer Theologien, die mehr oder weniger in Austausch miteinander stehen. Man könnte von „Multitheologie" sprechen. Während es sich bei dieser ersten Option um eine äußerliche Koexistenz handelt, geht das zweite Modell von einer intrinsischen Repräsentanz religiöser Alterität im jeweiligen Theologietreibenden bzw. in den Selbstverständigungsdebatten der Religionsgemeinschaften aus. Doch auch nach diesem Modell bleibt die je eigene Religionstradition der normative Bezugsrahmen des Theologietreibens. Bei der dritten Option wird dieser Bezugsrahmen zwar nicht notwendigerweise verlassen, aber doch auf eine metareligiöse Theologie hin überstiegen.

Diese einleitend angestellten Überlegungen beziehen sich auf den semantischen Gehalt des „inter" in Begriffen wie „Interreligiosität", „interreligiöse Theologie" oder „Intertheologie". Ich habe zwischen einer weiteren Bedeutung unterschieden, die „multi-" und „transreligiös" einschließt und einer engeren, die man von diesen Begriffen abgrenzen kann. Im Folgenden verwende ich den Begriff in seiner weiteren Bedeutung.

Ich wende mich nun den inhaltlich und methodisch profilierten Programmentwürfen der interreligiösen Theologie zu, skizziere zunächst das jeweilige Modell in einer typisierten Form und setze es dann exemplarisch in Beziehung zu Konzepten, in denen es ausgearbeitet und praktiziert wird. Es handelt sich dabei nicht um trennscharfe Positionen, sondern um sich teilweise überschneidende Positionierungen in einem Spektrum. Die Modelle unterscheiden sich darin, wie sie mit den Differenzen zwischen den Religionstraditionen umgehen. Manche sind eher praktisch-methodisch orientiert, andere stärker inhaltlich. Die Leitfrage der folgenden Betrachtung lautet: Wie wird in diesen Modellen und Konzepten die Verhältnisbestimmung zwischen den Religionen vorgenommen, wie wird also das „inter" aufgefasst und angewandt?

## 1 Intertheologie als komparative Relationierung – das Modell des Vergleichs

Dieses Modell geht von einem Nebeneinander der Religionstraditionen aus, greift einzelne Erscheinungsformen dieser Traditionen heraus uns setzt sie in eine vergleichende Beziehung zueinander. Die selegierten Vergleichspunkte werden gegeneinander profiliert und es wird nach Similaritäten und Differenzen zwischen ihnen gefragt. Daraus sollen Impulse für die interreligiöse Verständigung, aber auch für die Selbstreflexion des je eigenen Glaubens gewonnen werden.

Dieses Modell operiert mit dem Religionsverständnis, wie es sich in und seit der Aufklärung herausgebildet hat. Demnach stehen die fünf sog. Weltreligionen Seite an Seite. Der Vergleich bezieht sich in einer mikrologischen Sichtweise auf einzelne Komponenten dieser Säulen. Die Differenzen zwischen den Vergleichsgegenständen, wie überhaupt zwischen den Religionstraditionen, sollen respektiert und Traditionen nicht vermischt werden.

Bei diesem Vergleich ist die Relationsstruktur zweistellig und nicht – wie eigentlich bei Vergleichen – dreistellig: Der Vergleich wird nicht von einer neutralen Warte aus vorgenommen (wie in der Vergleichenden Religionswissenschaft), sondern aus der Teilnehmendenperspektive, also nicht in einer Dreiecksbeziehung zwischen dem vergleichenden Subjekt (dem Relator) und den beiden verglichenen Relaten, sondern in einer Zweierbeziehung, bei der die Relatoren in eine der zu relationierenden Traditionen involviert und darin engagiert sind.

Im Unterschied zur Vergleichenden Religionswissenschaft will die Komparative Theologie dabei nicht nur deskriptiv die Ähnlichkeiten und Unterschiede auf der Ebene der Erscheinungsformen und der Funktionen der verglichenen Phänomene herausarbeiten. Der Vergleich bezieht sich auch auf die Inhalte und hat zudem einen normativen Anspruch. Es soll die Wahrheitsfrage gestellt und dabei am Wahrheitsanspruch der eigenen Religionstradition festgehalten werden. Dieser Wahrheitsanspruch geht als theologisches Postulat dem Vergleich voraus. Die Komparative Theologie steht also im Dienst der Konfessionellen Theologie. Besonders für die römisch-katholischen Vertreterinnen und Vertreter der Komparativen Theologie sind Transformationen, die sich aus dem interreligiösen Vergleich für das Selbstverständnis der je eigenen Tradition ergeben könnten, nur in den vom kirchlichen Lehramt gesetzten Grenzen möglich. Bei ihrer „Wahrheitssuche im Dazwischen" wagen sich einzelne Komparative Theologen, wie Alexander Löffler (2024; siehe auch: 2022), allerdings auch in den Bereich einer spirituellen interreligiösen Praxis vor.

Die Erwartung, dass der interreligiöse Vergleich zu theologisch validen Erkenntnissen führen kann, impliziert dabei die Annahme, dass die jeweiligen Relate zumindest potenziell wahrheitshaltig sind. Wo diese Annahme bewusstgemacht und ernst genommen wird, stellt sie allerdings den Wahrheitsanspruch der eigenen Religionstradition in Frage. Diese Spannung ist nicht auflösbar und führt vor die Notwendigkeit, religionstheologische Überlegungen anzustellen, welche die Vertreterinnen und Vertreter der Komparativen Theologie eigentlich vermeiden wollten. Der Blick in der Teilnehmendenperspektive auf andere Religionsformationen führt zudem nicht selten dazu, das Eigene im Anderen zu suchen. Das ist jedenfalls die Kritik, die zuweilen von muslimischer Seite an die Komparative Theologie adressiert wird.

## 2 Intertheologie als Theologie im Angesicht religiöser Alterität

Dieses zweite Modell setzt nicht bei einem interreligiösen Vergleich an, sondern legt nahe, Theologie im Bewusstsein religiöser Alterität zu treiben, d. h. im Wissen um die Lehr- und Praxisformen anderer Religionstraditionen, einschließlich der davon ausgehenden kritischen Anfragen an die christliche Theologie und die Praxis des christlichen Glaubens. Im Bild gesprochen: Wer theologisiert, soll dies so tun, als würde ihm ein Jude, eine Muslima, ein Buddhist usw. über die Schulter schauen (Ritschl 1984, 165; Ritschl und Hailer 2006, 293). Es handelt sich also um eine religionsdialogische Theologie, wobei der Dialog ein mit Vertreterinnen und Vertretern anderer Religionstraditionen real geführter, aber auch ein virtueller des/der Theologietreibenden mit dem innerlich repräsentierten religiös Anderen sein kann. Die theologietreibende Person ist und bleibt in ihrer jeweiligen Glaubenstradition verankert, setzt sich darin aber der Herausforderung aus, die eine Begegnung mit anderen Traditionen mit sich bringt; das schließt kritische Bezugnahmen keineswegs aus. Die Theologin bzw. der Theologe begibt sich an einen Erkenntnisort im „Zwischen", also in ein „Inter-esse", setzt sich dem religiös Anderen aus und mit ihm „aus-ein-ander". Bei diesem „Aus-sich-Herausstehen" („Existenz") können gewohnte Gewissheiten in Frage gestellt, aber auch kreative Re-Visionen möglich werden.

In der Praxis des Theologietreibens unterscheidet sich dieses Modell nicht wesentlich von dem der Komparativen Theologie. Es ersetzt die methodische Leitvorstellung des Vergleichs durch die einer inhaltlichen Bezugnahme, die auf unterschiedliche Weise erfolgen kann. Auch dieses Modell geht von einem *side by side*, bzw. *vis à vis* der Religionen aus. Diese werden in ihrem authentischen Selbstverständnis ins Gespräch miteinander gebracht, ohne Harmonisierungen vorzunehmen. Differenzen bleiben stehen und werden konstruktiv bearbeitet,

d. h. auf ihre theologieproduktive Kraft hin befragt. Die Theologin bzw. der Theologe kann und muss dabei den mit der anderen Religionsform verbundenen Wahrheitsanspruch nicht übernehmen, also sich zu eigen machen; er/sie muss ihn aber als für die Anhängerinnen und Anhänger dieser Religionsform gültig respektieren.

Die interreligiöse Relationierung kann dabei auf eine *symmetrische* Weise nach dem Prinzip der Wechselseitigkeit vorgenommen werden, wie es für das Ethos des Dialogs grundlegend ist, oder auch *asymmetrisch* nach dem Beziehungsmuster der Gastfreundschaft. Im ersten Fall besteht die auf dieser Grundlage betriebene „Intertheologie" im theologischen Religionsdialog, der von den daran beteiligten Partnern auf das Selbstverständnis der je eigenen Religion zurückbezogen wird. Im zweiten Fall gewährt die theologietreibende Person den Stimmen anderer Religionen gewissermaßen Gastrecht in der eigenen Reflexion. In jedem der beiden (kombinierbaren) Fälle bleibt die Theologie aber in der je eigenen Tradition verwurzelt. Sie erhebt sich nicht darüber hinaus zu einer religionsübergreifenden Metatheologie, sondern hofft auf „gegenseitige Illumination" (nach dem Buchtitel von: Sharma 2006).

Als Beispiele solcher „Intertheologien" kann man auf Hans-Martin Barths „Dogmatik im Kontext der Weltreligionen" (Barth 2001, 2008³) oder auf Keith Wards Studien zu verschiedenen Themen der Theologie (Ward 1987, 1994, 1996, 1998, 2000, 2008). verweisen. Auch meine eigenen Entwürfe zur Gotteslehre und Christologie gehören in diese Kategorie (Bernhardt 2021, 2023).

Ein Projekt, das sich der Leitidee einer „mutual theological hospitality" verschrieben hat, ist das von Rowan Williams engagiert vorangetriebene „Building Bridges" Seminar. Es ist auf den christlich-islamischen Dialog fokussiert. Dabei sollen keine religionswissenschaftlichen oder islamwissenschaftlichen Außenperspektiven, sondern theologische Innenperspektiven zueinander in Beziehung gesetzt werden. Es geht um theologische Themen wie Gebet, Gottesverständnis usw. (siehe dazu: Pratt 2017).

An den Theologischen Fakultäten ist dieser Ansatz noch wenig verbreitet. Die *Interreligious Studies* sind oft *neben* der Theologie, in gewollter Distanz zu ihr, angesiedelt und die Theologie ist nicht darauf angelegt, Impulse von ihnen zu empfangen. Sie beschäftigen sich zumeist mit Erscheinungsformen der unterschiedlichen Religionstraditionen und fragen weniger nach den Verflechtungs- und Transformationsprozessen, die sich in Geschichte und Gegenwart aus den Interaktionen zwischen den Religionstraditionen ergeben haben – wie es der im Folgenden vorzustellende Ansatz tut. Und schon gar nicht sind sie – bedingt durch ihre Distanzierung von der Theologie – mit systematisch-theologischen Reflexionen verbunden, d. h. sie fragen nicht im Sinne einer „constructive theology" nach den Auswirkungen der Auseinandersetzung mit anderen Religionstraditionen auf das Selbstverständnis der eigenen.

Das gilt teilweise allerdings auch für diesen Ansatz, dem ich mich jetzt zuwenden will. Auch er ist in den meisten seiner Ausprägungen eher deskriptiv und analytisch als theologisch-konstruktiv angelegt.

## 3 Intertheologie als Untersuchung religiöser Interferenzen

Das jetzt vorzustellende dritte Modell, das in der jüngeren Vergangenheit und Gegenwart zunehmend an akademischem Boden gewonnen hat, ist weniger auf den intentional praktizierten theologischen Religionsvergleich und auch nicht auf eine religionsdialogische systematische Theologie ausgerichtet. Vielmehr beleuchtet es in empirischer Perspektive Überlagerungen, Verstrickungen und Durchdringungen der Religionsformen, die sich in der Religionsgeschichte ereignet haben und sich in der Gegenwart fortwährend vollziehen. Der Blick richtet sich hier nicht nur nicht auf die Handlungssubjekte derer, die das „inter" allererst herstellen, d. h. den Religionsvergleich lancieren oder interreligiöse Theologie treiben, sondern auf die emergente Eigendynamik von Verflechtungsprozessen. Es geht nicht um bewusst vollzogene Vermittlungsakte, sondern um fließende Bewegungen, die sich bei der Begegnung von Religionsformationen ergeben haben und ergeben: um interreligiöse Beeinflussungen.

Die Pluralität der Religionen ist dabei nicht als ein Nebeneinander zweier oder mehrerer Religionsentitäten vorgestellt, die miteinander verglichen oder in eine kommunikative Beziehung zueinander gesetzt werden. Vielmehr ist hier die Auffassung leitend, dass die Religionstraditionen schon immer mehr oder weniger ineinander verwoben sind. Das gilt für die Makroebene der Religionsgeschichte, aber auch für die Mikroebene der individuellen Religiosität. Auf beiden Ebenen ist der/die/das religiös Andere imaginativ in der je eigenen Religion repräsentiert: im individuellen Bewusstsein der einzelnen Glaubenden wie im kollektiven Bewusstsein der Glaubensgemeinschaft. Er/sie/es ist ein impliziter Gesprächspartner, zu dem man – ob man will oder nicht – immer schon in Beziehung steht, sei es in positiver Bezugnahme oder – was in der Praxis wohl eher der Fall war und ist – in Abgrenzung. Mit der äußeren Präsenz von religiöser Alterität korreliert also eine innere Repräsentanz.

In räumlicher Metaphorik ausgedrückt findet der Kontakt nicht als *boundary discourse* an den Rändern und Schnittstellen, sondern im Inneren der Religionstraditionen statt. Das Andere ist *im* Eigenen, sodass die Leitunterscheidung zwischen Eigenem und Anderem letztlich fragwürdig wird. Im „Inter" von Identität und Alterität ergeben sich fortwährend Transformationsimpulse.

Das Interferenzmodell ist nicht notwendigerweise mit der Vorstellung verbunden, dass sich im „Inter" etwas gegenüber den Herkunftstraditionen Neues bildet (wie etwa die Bahai-Religion eine aus verschiedenen traditionalen Quellen gespeiste Neubildung ist). Es kann auch Transformationsprozesse bezeichnen, in denen sich Adaptionen und Revisionen, Fortschreibungen und Neuakzentuierungen des Tradierten vollziehen.

Im Blick auf die Religionsgeschichte spricht man in diesem Zusammenhang vom *entanglement* der Religionen, zuweilen auch vom *intertanglement*. In dieser Perspektive zeigen sich die Religionstraditionen nicht als separate Säulen, sondern als mehr oder weniger ineinander verschlungene Dynamiken. Das betrifft besonders diejenigen von ihnen, die religionsgeschichtlich miteinander verwandt sind. Daher wird dieses Modell besonders auf die sog. „abrahamischen" Religionen angewendet. So hat Daniel Krochmalnik im Wintersemester 2022 an der Universität Potsdam ein Seminar mit dem Titel „Ein Gott – drei Religionen. Intertheologie der abrahamitischen Religionen" gehalten. Nach Tobias Specker SJ begibt sich die von ihm anvisierte Intertheologie „auf die Suche nach den Feldern eines 'Zwischen' der Religionen und fragt nach deren theologischer Bedeutung und Systematisierbarkeit" (Specker 2021). Es geht ihm um Interaktionen, Interferenzen und Interdependenzen der Religionstraditionen, um deren gegenseitige Befruchtung. Der/die/das religiös Andere soll als ein Prägefaktor der je eigenen Religionstradition durchsichtig werden, wobei diese Prägung durch positive Bezugnahme, aber auch durch Abgrenzung erfolgen kann.

Darin liegt ein Vorzug dieses Konzepts, dass mit dem Begriff „inter" *alle* Muster der Beziehungsbestimmung in den Blick genommen werden, auch die des Konflikts, des Streits (um die Wahrheit), der Konfrontation, sogar die der Abgrenzung (bis hin zum Separatismus). Denn auch darin liegt eine Bezugnahme vor, wenn auch eine negative.

Das von Katharina Heyden und David Nirenberg betriebene, eher historisch angelegte Projekt „Co-produced Religions: Judaism, Christianity, and Islam" trägt die Bezeichnung „inter" zwar nicht im Titel, gebraucht sie aber in mehrfacher Weise in der Projektbeschreibung: „Islam, Christianity, and Judaism are inter-related, inter-twined, or inter-connected" (Heyden und Nirenberg 2023, 2). Es ist dort die Rede von „intersections of their histories and entanglements of their scriptural traditions" (ebd.) bzw. von „interconnected religious histories" (Heyden und Nirenberg 2023, 3). Der Begriff „Co-produced" lokalisiert die interreligiöse Beeinflussung schon auf der Ebene der *Konstitution* religiöser Phänomene und betont gegenüber dem Zustand des „entanglements" den Akt des Hervorbringens. Religionen werden nicht als zunächst in sich bestehende Entitäten oder Räume betrachtet, die sich dann zueinander in Beziehung setzen, sondern als von vornherein interreligiös geprägte Geschichten. Daraus lässt sich dann die Konsequenz ziehen, dass sie auch nur in ihrer Verwiesenheit aufeinander zu verstehen sind.

Neben solchen historisch angelegten Projekten zeigen auch die empirischen Untersuchungen der gegenwärtigen Religionskulturen – vor allem, wenn sie auf die Ausbildung religiöser Identitäten im religiös-pluralen Umfeld ausgerichtet sind – markante Verflechtungsprozesse auf. Das geht nicht selten einher mit einer Problematisierung des Religionsbegriffs, der die Religionstraditionen als Entitäten nebeneinanderstellt. Demgegenüber wird Religion als Prozess verstanden, der sich in einem fortwährenden Spiel der Referenzen befindet. Der Philosph Denis Guénoun brachte diese Einsicht folgendermaßen zum Ausdruck: „Religion happens as the difference of religions." (Guénoun 2013, 70)

In der gelebten Religion werden die Religionstraditionen von den religiösen Subjekten oft sehr selektiv angeeignet. Elemente aus anderen Traditionen werden in die individuellen religiösen Identitätsformationen eingebaut, ohne dass dies als Heterogenität empfunden wird. Diese Formationen sind biographisch fluide und entziehen sich autoritativen Normierungen.

Für die historische Theologie scheint mir das Interferenzmodell sehr produktiv zu sein. Im Blick auf theologiegeschichtliche Diskurse ist es auch für die Systematische Theologie relevant. So kann es etwa dafür sensibilisieren, wie die Trinitätslehre oder die Christologie in Auseinandersetzung mit jüdischem Denken ausgebildet wurde. Auch für die Diagnosen der gegenwärtigen Religionslandschaften, die den empirischen Bezugspunkt der Religionstheologie bilden, bietet es einen angemessenen Deuterahmen. Die Aufgabe der Systematischen Theologie geht aber über theologiegeschichtliche und empirische Untersuchungen hinaus. In ihrer konstruktiven Funktion erschließt sie die Inhalte des christlichen Glaubens für die jeweilige Gegenwart und schreibt damit die Tradition weiter fort. Dies sollte sie nach meiner Auffassung im Hören auf die kritischen Anfragen aus anderen Religionen tun, was dann auch zu Re-Visionen der tradierten Lehren führen kann. In der Wahrnehmung dieser konstruktiven Funktion geht sie nicht nur von religionsgeschichtlichen *entanglements* aus, sondern stellt selbst solche her. Das lässt sich dann wiederum nach dem Modell der religionsdialogischen Theologie beschreiben.

## 4 Intertheologie als transreligiöse Theologie

Diesem Modell zufolge strebt die Theologie danach, aus den Quellen verschiedener Religionstraditionen schöpfend die Selbstverständnisse dieser Traditionen auf eine Metatheologie hin zu überschreiten. In diesen Ansätzen einer „global theology" soll die Fokussierung und erst recht die Beschränkung der Theologie auf *eine* spezifische partikulare Konfessions- und sogar Religionstradition überwunden werden, selbst wenn diese in interreligiösen Bezügen entfaltet wird. Es soll ein religionstranszendenter Standpunkt eingenommen oder anvisiert werden.

Aufbrüche in Richtung einer globalen oder universalen Theologie gab es in der jüngeren Vergangenheit seit Mitte der 1970er Jahre. Mit seiner religionsvergleichenden Studie über Tod und ewiges Leben legte John Hick eine „global theology of death" (Hick 1976, 29–34) vor. Wilfred Cantwell Smith sprach von einer „Welt-Theologie" (Smith 1981). Paul F. Knitter proklamierte „[t]he need for a Global Theology" (Knitter 1985, 1996$^9$, 223–229). Jose M. Vigil plädierte für eine „planetarische Theologie", d. h. für eine „pluri-konfessionelle Theologie [...], die wir auch interreligiös, multi-religiös oder [...] trans-religiös nennen könnten" (Vigil 2010, 8 [Übersetzung R.B.]). Auch einige evangelische Vertreter der Komparativen Theologie wie Robert C. Neville in seiner dreibändigen philosophischen Theologie (Neville 2013, 2014, 2015) visieren eine transreligiöse Theologie an. Im deutschen Sprachraum ist es vor allem Perry Schmidt-Leukel, der in diese Richtung vorstößt (Schmidt-Leukel 2005, 2019, 2022). All die Genannten fordern die Entkonfessionalisierung der Theologie; dies aber nicht nur im Sinne einer Überschreitung christlicher Konfessionsgrenzen, sondern auch der Religionsgrenzen.

Ein aktuelles Projekt, das diese Zielrichtung verfolgt, wurde seit 2014 im Rahmen der „American Academy of Religion" unter dem Titel „Theology without Walls" vorangetrieben (Martin 2016a, 2016b, 2018, 2019).[2] Der Wortführer dieser „Transreligious Theology" ist Jerry L. Martin. Er versteht sein Projekt als ein „research program in constructive theology" (Martin 2016b, 443). Doch geht es dabei keineswegs nur um ein akademisch-theologisches Forschungsvorhaben, sondern auch um den Versuch, transreligiöse Erfahrungsfelder der gelebten Religion in den Blick zu nehmen und für die Theologie fruchtbar zu machen. Damit soll diese aus Engführungen und traditionellen Festlegungen befreit werden. Im Hintergrund steht eine theologische Annahme: Weil der göttliche Seinsgrund in seiner Omnipräsenz zu allen Zeiten an allen Orten erfahrbar sei, könne es nicht angehen, ihn nur im Rahmen *einer* religiösen Tradition erfassen zu wollen. Diese „Wände" müssten gesprengt werden. In diesem Sinne handelt es sich dabei um ein Stück „religiöser Befreiungstheologie".

Jerry L. Martin hat vor allem die Gruppe derer im Auge, die sich für „spirituell, aber nicht religiös" erklären, sich auf keine der Religionstraditionen festlegen wollen und entweder zu den „nones" (also zu den Konfessions- und Religionslosen) gehören oder bi- bzw. multireligiöse Identitäten ausgebildet haben. Im Blick

---

2 Siehe auch die Website des Projekts: https://theologywithoutwalls.com/ (12.03.2024).

auf diese Zielgruppe, aber auch darüber hinaus, soll ein „transreligious turn" (Martin 2019, 1) der Theologie propagiert werden.

Ich kann an dieser Stelle keine Auseinandersetzung mit diesem Programm führen (ausführlicher dazu: Bernhardt 2023b), sondern nur seinen Grundgedanken anzeigen. Ich stehe ihm kritisch gegenüber und plädiere – wie schon deutlich geworden sein dürfte – eher für eine Intertheologie im Sinne einer religionsdialogischen Theologie. Deren Aufgabe ist es, sich mit den Denk- und Praxisformen der eigenen Religionstradition im Lichte anderer Traditionen auseinanderzusetzen, ohne sich dabei zu einer Universaltheologie aufschwingen zu wollen. Meine Auffassung von interreligiöser Theologie geht daher vom Modell der dialogischen Vermittlung grundlegend verschieden bleibender Traditionen aus. Vermittlung meint dabei nicht Aufhebung der Differenzen, sondern gerade deren Herausarbeitung, um auf diese Weise dem Selbstverständnis der jeweiligen Traditionsinhalte möglichst authentisch gerecht zu werden, es aber auch für Weiterentwicklungen offenzuhalten. Insofern ist die interreligiöse Theologie nicht in einem *third space* zwischen den Religionen angesiedelt, sondern innerhalb der „konfessionellen" Theologie. Von dort bricht sie aber zu Exkursionen in die Denk- und Lebenswelten anderer religiöser Traditionen auf, um die gewonnenen Einsichten dann in die Vision der eigenen Tradition einzubringen, woraus sich Re-Visionen ergeben (können). In diesem Sinne plädiere ich für eine „Transpartikularität".

## Literaturverzeichnis

Barth, Hans-Martin. 2001, 2008³. *Dogmatik. Evangelischer Glaube im Kontext der Weltreligionen.* Gütersloh: Gütersloher Verlagshaus.

Bernhardt, Reinhold. 2021. *Jesus Christus – Repräsentant Gottes. Christologie im Kontext der Religionstheologie.* BThR 23. Zürich: TVZ.

Bernhardt, Reinhold. 2023a. *Monotheismus und Trinität. Gotteslehre im Kontext der Religionstheologie.* BThR 25. Zürich: TVZ.

Bernhardt, Reinhold. 2023b. „Von der ‚neuen Katholizität' zur ‚Theology without Walls'. Strategien zur Globalisierung der Theologie." In *Globales Christentum. Transformationen, Umbrüche, Interaktionen, Denkformen, Perspektiven.* Studien zur christlichen Religions- und Kulturgeschichte 31, hg. von Mariano Delgado, Volker Leppin, 503–526. Basel: Schwabe Verlag; Stuttgart: Kohlhammer.

Guénoun, Denis. 2013. *About Europe: Philosophical Hypotheses.* Übersetzt von Christine Irizarry. Stanford: Stanford University Press.

Heyden, Katharina und David Nirenberg. 2023. *Co-produced Religions: Judaism, Christianity, and Islam.* https://coproduced-religions.org/storage/publications/heyden-and-nirenberg_religious-co-production-in-judaism,-christianity-and-islam_may29,2023.pdf (12.03.2024).

Hick, John. 1976. *Death and Eternal Life*. New York: Harper & Row, Nachdruck: Louisville, KY: Westminster John Knox Press 1994.
Knitter, Paul F. 1985, 1996⁹. *No Other Name? A Critical Survey of Christian Attitudes Toward the World Religions*. Maryknoll, NY: Orbis.
Löffler, Alexander. 2022. *Christsein mit Zen. Religiöse Zweisprachigkeit als christliche Glaubenspraxis*. Zürich: TVZ.
Löffler, Alexander. 2024. „Wahrheitssuche im Dazwischen. Komparative Theologie und traditionsübergreifende religiöse Praxis." *ztp* 146: 75–102.
Martin, Jerry L., Hg. 2016a. „Is Transreligious Theology Possible?." Themenheft *Open Theology* 2.
Martin, Jerry L., Hg. 2016b. „Theology Without Walls." Themenheft *JES* 51: 443–523.
Martin, Jerry L., Hg. 2018. „Recognizing Encounters with Ultimacy across Religious Boundaries." Themenheft *Open Theology* 4.
Martin, Jerry L., Hg. 2019. *Theology Without Walls: The Transreligious Imperative*. Abingdon: Oxon; New York: Routledge.
Neville, Robert C. 2013. *Ultimates*. Albany, NY: State University of New York Press.
Neville, Robert C. 2014. *Existence*. Albany, NY: State University of New York Press.
Neville, Robert C. 2015. *Religion*. Albany, NY: State University of New York Press.
Pratt, Douglas. 2017. *Contemporary Christian-Muslim Dialogue. Twenty-First Century Initiatives*. Abingdon, Oxon: Routledge.
Ritschl, Dietrich und Martin Hailer. 2006. *Diesseits und jenseits der Worte. Grundkurs Christliche Theologie*. Neukirchen-Vluyn: Neukirchener Verlag.
Ritschl, Dietrich. 1984. *Zur Logik der Theologie. Kurze Darstellung der Zusammenhänge theologischer Grundgedanken*. München: Kaiser.
Schmidt-Leukel, Perry. 2005, 2013². *Gott ohne Grenzen. Eine christliche und pluralistische Theologie der Religionen*. Gütersloh: Gütersloher Verlagshaus.
Schmidt-Leukel, Perry. 2019. *Wahrheit in Vielfalt. Vom religiösen Pluralismus zur interreligiösen Theologie*. Gütersloh: Gütersloher Verlagshaus.
Schmidt-Leukel, Perry. 2022. *Das himmlische Geflecht. Buddhismus und Christentum-ein anderer Vergleich*, Gütersloh: Gütersloher Verlagshaus 2022.
Sharma, Arvind. 2006. *Religious Studies and Comparative Methodology: The Case for Reciprocal Illumination*. Albany, NY: State University of New York Press.
Smith, Wilfred C. 1981. *Towards a World Theology. Faith and the Comparative History of Religion*. Philadelphia: Westminster Press, Nachdruck: Houndmills: Macmillan Press, 2002.
Specker, Tobias SJ. 2021. Vortrag *Intertheologie*. https://uni-tuebingen.de/fakultaeten/katholisch-theologische-fakultaet/lehrstuehle/dogmatik/archiv/#c1530212 (09.03.2024).
Vigil, José M. 2010. „Einleitung." In *Toward a Planetary Theology*, hg. v. José M. Vigil. Montreal: Dunamis Publishers.
Ward, Keith. 1987. *Images of Eternity. Concepts of God in Five Religious Traditions*. London: Darton, Longman & Todd.
Ward, Keith. 1994. *Religion and Revelation. A Theology of Revelation in the World's Religions*. Oxford: Clarendon Press.
Ward, Keith. 1996. *Religion and Creation*. Oxford: Oxford University Press.
Ward, Keith. 1998. *Religion and Human Nature*. Oxford: Clarendon Press.
Ward, Keith. 2000. *Religion and Community*. Oxford: Oxford University Press.
Ward, Keith. 2008. *Religion and Human Fulfilment*. London: SCM Press.
Weidtmann, Niels. 2019. „Das ‚Zwischen' als der Ort wahrer Wirklichkeit. Ein Plädoyer für das ‚Inter' in der Interkulturalität." Themenheft „inter", *polylog* 40: 7–18.

Benedikt Schmidt
# Die normative Dimension (in) der Intertheologie
Programmatische Überlegungen aus theologisch-ethischer Perspektive

Reflexionen zu intertheologischem Arbeiten aus Perspektive der Theologischen Ethik erfolgen unweigerlich aus einem bestimmten religiös und konfessionell geprägten Blickwinkel (Specker/Sievers 2021 – auch grundsätzlich zum Projekt der Intertheologie). Der Austausch mit den Kolleginnen und Kollegen im intertheologischen Feld lehrt, dass schon das Verständnis von „Theologischer Ethik" und ihren Arbeitsweisen keineswegs als einheitlich vorausgesetzt werden kann. Selbst wenn die eigene Perspektivität reflexiv eingeholt wird, kann damit nicht die Erwartung verbunden werden, einen „unparteilichen Gottesstandpunkt" einnehmen zu können, von dem aus die verschiedenen Verständnisse gleichsam „von oben" zugeordnet und beurteilt werden könnten. Die folgenden Ausführungen stehen somit unter dem Vorzeichen eines Zugangs von katholisch-christlicher Warte – vermutlich stärker implizit als explizit. Gleichwohl wird – an dieser Stelle notwendig postulatorisch – davon ausgegangen, dass sie einige grundsätzliche Punkte für das Projekt der Intertheologie thematisieren, die auch von den anderen Diskursteilnehmer*innen nicht nur nachvollzogen, sondern auch geteilt werden können (Breul 2015, 182–191, insb. zur Differenzierung zwischen Nachvollziehbarkeit und Akzeptabilität als Teilbarkeit).

Der Gedankengang gliedert sich in drei Schritte, deren Grundanliegen es ist, eine erste Skizze dafür zu entwerfen, welchen Beitrag die wissenschaftliche Disziplin „Theologische Ethik" im Projekt einer Intertheologie leisten und wie diese sich im Gegenzug als Inspirationsquelle für theologisch-ethisches Arbeiten erweisen kann. Zunächst werden die hermeneutischen Rahmenbedingungen erörtert (1), die für die weiteren Überlegungen maßgeblich sind. Es folgen gemäß der Überschrift Reflexionen zur normativen Dimension der Intertheologie als ganzer (2) und schließlich zur normativen Dimension in der Intertheologie (3). Dabei werden mögliche Forschungsfragen den programmatischen Charakter exemplarisch verdeutlichen. Abschließend werden die Perspektiven Theologischer Ethik in der und für die Intertheologie zusammengefasst (4).

# 1 Hermeneutische Rahmenbedingungen

Eine strukturelle Gemeinsamkeit von intertheologischem und ethischem Arbeiten ist das Untersuchen von Verständigungen über die Kontextgrenzen vertretener Positionen hinweg. Im Bereich der Ethik bezieht sich dies auf diskursive Aushandlungen teilbarer Vorstellungen vom sittlich Guten.[1] Nach Ansicht des Philosophen Ludwig Siep kennzeichnet dieses Gute, dass es als erstrebens*wert* erscheint. Das Erleben und Thematisieren des lebensweltlich verankerten Werthaften ist kontextuell eingebunden. Umstritten ist, welche diskursiven Verständigungen darüber hinaus über die jeweiligen Vorstellungen vom Guten erreicht werden können. Drei Auffassungen sind möglich: In der Terminologie des „Wertes" sind dies der Wertpartikularismus, der Wertgeneralismus und der Wertuniversalismus.[2] Der Wertpartikularismus erachtet Verständigung nur innerhalb des jeweiligen lebensweltlichen Kontextes als möglich. Geltung ist notwendig partikular, bleibend kontextimmanent. Ansätze der Wertgeneralisierung gehen dagegen davon aus, dass zwar Verständnis und Geltung innerhalb eines Kontextes generiert werden, diese aber eine interpretierende Aneignung in anderen Kontexten erfahren können (Joas [2011] 2012, 251–265). Schließlich postuliert ein Wertuniversalismus, dass ein Standpunkt erreichbar ist, der den Kontexten enthoben universale Beurteilungen vornehmen kann. Das prominenteste Beispiel für damit einhergehende Dissense ist vermut-

---

[1] Ludwig Siep definiert Ethik wie folgt: „Wenn es also Ethik, in welcher Form auch immer gibt, dann wird in ihr etwas Inhaltliches darüber ausgesagt, was wirklich, auf die Dauer im Ganzen, billigenswert ist. Ich schlage daher vor, dass wir ‚gut' in ethischen Kontexten zu verstehen haben als: für sich und /oder in Bezug auf das Ganze billigens- und /oder erstrebenswert. In diesem Sinne ethisch gut genannt werden können Gegenstände, Ereignisse, Personen, Handlungen, Eigenschaften, Zustände, Tatbestände, Sachverhalte etc. [...] Gut im ethischen Sinne sind nicht einfach alle erstrebten oder subjektiv geschätzten Güter, sondern etwas, das wert ist, erstrebt zu werden. Ethisch Gutes ist nicht gut, weil es gebilligt oder erstrebt wird, sondern es verdient die Billigung und sollte Ziel des Strebens sein" (Siep [2003] 2016, 63–68).

[2] Mit der Terminologie des Wertes soll an dieser Stelle ein möglichst niederschwelliger Zugang gewählt werden, der wenig theologisch-ethische Vorentscheidungen hinsichtlich präferierter Theorien trifft. Mit ihm wird keine bestimmte Schule, wie etwa eine Wertethik, präsupponiert, sondern es geht lediglich um eine Verständigung über das Erleben unserer Lebenswelt als normativer und deren wissenschaftlicher Reflexion in der Ethik. Siehe hierzu Julian Nida-Rümelin: „Die normative Stellungnahme ist also weder bloßer Ausfluss derjenigen sozialen Praktiken, an denen man teilnimmt, noch gibt es einen externen normativen Standpunkt, der die lebensweltliche Normativität als Ganze zur Disposition stellt. Das Normative und das Soziale sind miteinander verwoben." (Nida-Rümelin 2020, 341). Was die Terminologie des Wertes für die folgenden Ausführungen attraktiv macht, ist, dass in ihr die epistemologische Dimension des Verstehens und die normative Dimension des Geltungsanspruchs verschränkt sind.

lich die Diskussion um den Status von Menschenwürde und Menschenrechten:[3] Wo sind sie angesiedelt auf der Skala zwischen Partikularität und Universalismus? In welchen Kontexten können sie wie Geltung beanspruchen? In der Sprache der Rechtfertigung drückt sich das Problem wie folgt aus: Inwiefern können die in den verschiedenen Kontexten erhobenen Geltungsansprüche kontextimmanent, kontext-transzendierend oder kontext-abstinent gerechtfertigt werden?[4] Formen die lebensweltlichen Kontexte und ihre theoretischen Reflexionen eine Pluralität von in sich abgeschlossenen Systemen der Rechtfertigung, eine Vielzahl gegenseitig durchlässiger Systeme oder gibt es ein Metasystem der Rechtfertigung, in das die verschiedenen Kontexte aufgehoben werden können? Dies lässt sich wie folgt veranschaulichen:

**Tabelle 1:** Intra-Inter-Extra.

| | Räume der (Nicht-) Verständigung | | |
|---|---|---|---|
| **Wertlogik** | Wertpartikularismus | Wertgeneralismus | Wertuniversalismus |
| **Kontextlogik** | Kontextimmanenz | Kontexttranszendens | Kontextabstinenz |
| **Systemlogik** | Abgeschlossene Systeme | Permeable Systeme | Ein Metasystem |
| | - INTRA - | - INTER - | - EXTRA - |

An dieser Stelle kann offenbleiben, ob dieselben Problemzusammenhänge in der Terminologie von Wertsphären, Rechtfertigungskontexten oder Systemen entfaltet werden sollte. Auch ist es nicht erforderlich, die dahinterstehenden philosophischen Argumente des jeweiligen Für und Wider eingehender zu diskutieren. Vielmehr genügt die Skizzierung für das grundlegende Verständnis der hermeneutischen Rahmenbedingung möglicher Verständigung, die für das Projekt der

---

3 Aus postkolonial-kritischer Perspektive vergleiche beispielsweise Nikita Dhawan: „Universelle normative Prinzipien zeigen sich so als provinziell und ausschließend, während sie selbstgerecht die Überlegenheit europäischer normativer Prinzipien als fortschrittlicher und mithin als Maßstab für die Bewertung nichteuropäischer Gesellschaften, epistemischer Ordnungen und Praktiken verfestigen." (Dhawan 2021, 203) Gegen eine postkoloniale Kritik an einem Menschenrechte fundierenden universalen Recht auf Rechtfertigung wendet sich hingegen Rainer Forst: „Menschen in nicht-westlichen Gesellschaften haben dasselbe Recht des *Neinsagens* und dieselbe Autorität, und der parochiale Kontextualismus hilft ihnen nicht. Vielmehr entrechten wir sie und bürgern sie aus ihren eigenen Gesellschaften aus, wenn wir sie aus der Perspektive des umgekehrten Orientalismus betrachten, als ob Freiheit und Gleichheit rein westliche Werte seien" (Forst 2021, 87).
4 „Die *kontrafaktische* Frage nach besseren Rechtfertigungen ist Teil der *Faktizität* unserer normativen Welt der Rechtfertigung" (Forst 2021, 13; 2011, 119–133).

Intertheologie insgesamt und im Konkreten für theologisch-ethisches Arbeiten in ihr wegweisend sind.

Inter-Theologie ist nur unter den Vorannahmen der mittleren Spalte erfolgsversprechend: Zielführend ist der Mittelweg zwischen dem Bestreben, eine kontextabstinente, universalistische Position erreichen zu wollen und einem Verharren im Binnendiskurs der jeweiligen Ausgangspositionen. So wie die Verständigung über das Gute ein Aushandlungsprozess zwischen dem je eigenen Guten und einer möglichen Verallgemeinerung ist, hängt auch das Gelingen intertheologischen Arbeitens maßgeblich von den leitenden – vermutlich oft impliziten – hermeneutischen Rahmenvorstellungen ab. Diese zu reflektieren und gegebenenfalls neu zu justieren ist selbst wesentlicher Bestandteil der Praxis intertheologischen Arbeitens. Intertheologie muss insofern die Bedingungen ihrer Möglichkeit mit in den Blick nehmen. Mit ihr ist nicht nur ein Forschungsprojekt bezeichnet, sondern auch eine spezifische Forschungs*haltung*.

## 2 Die normative Dimension *der* Intertheologie

Laut Mira Sievers und Tobias Specker stellt das Projekt der Intertheologie das „Andere im Eigenen" ins Zentrum der Überlegungen, ohne das Eigene und das Andere als Anderes aufzuheben (2021). Es ist ein hermeneutisches Projekt des Wieder-Erkennens. Diese epistemologische Dimension ist aber nur die eine Seite der Medaille. Der französische Philosoph Paul Ricœur hat als eines seiner letzten Werke den „Parcours de la Reconnaissance" verfasst (2006). Darin zeigt er ausgehend vom Verb „reconnaître" auf, wie die Dimensionen von Erkennen, Wieder-Erkennen und An-Erkennen ineinandergreifen. Im deutschen Titel „Wege der Anerkennung" fällt dieser Zusammenhang leider auseinander (2006). Mich zum „Anderen im Eigenen" in Beziehung zu setzen, hat eine epistemologische Seite des Verstehens und eine normative der Anerkennung. Laut Ricœur bedingen sich beide Seiten wechselseitig. Die Frage nach Anerkennung, der Rechtfertigung von Anerkennung, dem Entzug von Anerkennung, der Verweigerung von Anerkennung, der Gewährung von Anerkennung usw. ist in der hybriden Strukturiertheit interreligiöser Konstellationen immer mitgestellt. Anerkennung ist einer der zentralen Begriffe ethischen Nachdenkens und umfasst ein Bedeutungsspektrum, das von Wertschätzung über Würdigung bis Achtung reicht.[5] Anerkannt werden können Eigenschaften, Leistungen, Identitätsmerkmale von Individuen oder Gruppen, Beziehungen oder Perso-

---

5 Im Aufgriff der Anerkennungstheorie von Axel Honneth vergleiche dazu Benedikt Schmidt (2017, 434).

nen als solche. Dafür steht dann meist der Begriff der moralischen Achtung. Anerkennungen sind in soziokulturellen Strukturen institutionalisiert. Laut Axel Honneth gilt dies insbesondere für Liebesbeziehungen, das Recht und soziale Gemeinschaften ([1992] 2014, 153–211). Anerkennung ist insofern für das Gelingen von Identität notwendig. Die ethisch brisante Frage ist, welche Formen von Anerkennung gerechtfertigt oder sogar eingefordert werden können und welche nicht. Dies betrifft das Eigene, das Andere, das Andere im Eigenen und das Eigene im Anderen.

Das Projekt der Intertheologie hat aufgrund der Verschränkung von epistemologischer und normativer Dimension im „reconnaître" eine genuin ethische Dimension, die ihr als ganzer zu eigen ist. Anders formuliert: Das „Andere im Eigenen" zu untersuchen, bringt immer auch normative Fragen mit sich. Die oben dargelegten Kontexte möglicher Verständigung bilden eine wesentliche Vorentscheidung, in welcher Form das Eigene, das Andere und das „Andere im Eigenen" Anerkennung erfahren können oder eben nicht. Damit wird deutlich: Das Projekt der Intertheologie ist auch ein Projekt der Explizierung von Anerkennungs*beziehungen* und der Diskussion von Anerkennungs*ansprüchen*. Als kommunikatives Projekt geht mit ihm auf formaler Ebene zunächst die Anerkennung der Anderen als Gesprächspartner:innen einher. Auf der materialen Ebene steht in Frage, in welchem Zusammenhang, wann, von wem und mit welchen Gründen konkrete Anerkennungsansprüche bejaht oder verweigert wurden und werden. Anerkennungsbeziehungen und deren Begründungen bleiben fragil.

Mit der normativen Dimension der Intertheologie ist einerseits eine Komplexitätssteigerung verbunden, da der hermeneutische Fragehorizont immer schon auf den auszuhandelnder Geltungsansprüche überschritten wird. Andererseits verleiht dies dem Projekt eine besondere gesellschaftliche und wissenschaftliche Relevanz. Denn je diverser und pluraler postsäkulare Gesellschaften werden, desto drängender wird die Frage, von wem welche Anerkennungsmöglichkeiten generiert werden können (Habermas [2005] 2020, 216–257): Was sind die Ressourcen für Anerkennungen des „Anderen im Eigenen" – historisch, systematisch, praktisch? Dass dies auch eine gesellschaftspolitische Erwartung an die Theologien ist, bedarf keiner weiteren Erörterung. Intertheologie als Projekt mehrerer Theologien kann dabei zunächst im Binnenbereich der Theologien ansetzend aufzeigen, wie Formen der Anerkennung untereinander etabliert wurden, wie sie praktiziert werden und welche systematischen Gründe sich für sie ausmachen lassen. Darüber hinaus ist dann der Blick zu weiten und dieses intertheologische Vorgehen im Raum einer postsäkular-pluralistischen Gesellschaft zu verorten. Wissenschaftlicher Erkenntnisgewinn und ein Mehrwert des Projekts für den Zusammenhalt religionspluraler Gesellschaften gehen so Hand in Hand.

Intertheologie erforscht aber nicht einfach nur die Frage nach Anerkennungen als ihren Gegenstand, sondern – und dies ist mindestens genauso wichtig – ist in performativ-praktischer Hinsicht ein Ort wissenschaftlicher Erprobung und Einübung einer Haltung von Anerkennung. Dies impliziert ein Aushandeln, welche Formen von Anerkennung möglich sind und die Reflexion der Prozesse. Dieses „Doing Intertheology" – oder, um eine Bezeichnung von Felix Körner zu verwenden: diese „Interaktive Theologie" (2021, 14–19, 2022, 30–33) – als Ort möglicher Anerkennung ist ein wesentlicher Bestandteil des Projekts. Sich hierauf einzulassen erfordert ein Verständnis eigener und anderer Theologien, die sie und sich im obigen Sinne als kontexttranszendierend auffassen.

Intertheologie als Explizierung von, Diskussion um und Ort für Anerkennung kennzeichnet das Projekt als Ganzes. Die normative Dimension der Intertheologie ist von daher keineswegs allein von der Theologischen Ethik zu verhandeln. Noch problematischer wäre das Verständnis, die normative Dimension würde erst von jener in die Intertheologie eingebracht. Was die Theologischen Ethiken allerdings leisten können, ist, dass sie auf Basis ihres fachwissenschaftlichen Zuschnitts über Expertise für die Problemstellung normativer Sachverhalte verfügen (Birnbacher 1999, 267–283). Dies betrifft ein Gespür für Perspektiven als normative in ihrer Vielfalt und ein theoretisches Instrumentarium zur Bearbeitung und distanzierten Beurteilung normativer Fragestellungen – und dazu zählen wesentlich Debatten um Anerkennung und deren Verweigerung. Daneben gibt es die theologisch-ethische Arbeit unter intertheologischem Vorzeichen.

## 3 Die normative Dimension *in der* Intertheologie

Dass die Fragen nach dem guten Handeln, der guten Person und dem guten Leben zum Kernbestand religiöser Lebensformen zählen,[6] erfordert keine weitere Erläuterung. Deren theologisch-wissenschaftliche Reflexionen haben allerdings sehr unterschiedliche fachliche Zuschnitte hervorgebracht. Die Beschäftigung mit dem sittlich Guten wird unterschiedlich perspektiviert, strukturiert und orientiert. Die Differenzen in den theoretischen Zugängen und in den Methodiken sind immens. Im Folgenden kann es nicht darum gehen, auf diese Vielfalt im Einzelnen einzugehen, sondern es wird ein Vorschlag für ein Verständnis theologisch-ethischen Arbeitens entwickelt, das nach Ansicht des Verfassers bei aller bleibenden Differenz

---

6 Zum Zusammenhang von Handlung, Haltung und Lebensform siehe von Benedikt Schmidt „Worüber hinaus nichts Größeres getan werden kann. Supererogation als paradigmatische Schnittstelle vom moralischen, ethischen und religiösen Gebrauch der Vernunft." (2024, 303–312).

für das Fach aus katholisch-christlicher Perspektive tragfähig ist, das auf die Zustimmung der konfessionell und religiös verschiedenen Theologischen Ethiken begründet hoffen darf und das für das Projekt der Intertheologie insgesamt weiterführend ist. Die Leitfrage lautet: Wie könnte theologisch-ethisches Arbeiten in der Intertheologie aussehen?

Die vielversprechendste Perspektive besteht in einem problemorientierten Ansatz Theologischer Ethik.[7] Der Fokus liegt darin nicht auf einer Beschäftigung mit den tradierten theoretischen Zugängen als solchen, sondern diese werden als von lebensweltlich verorteten normativen Herausforderungen aus generiert, rekonstruiert und von aktuellen normativen Fragestellungen aus konsultiert. Sie sind – und das macht die Ethik zu einem erfolgversprechenden Arbeitsgebiet in der Intertheologie – in der Regel nicht von vornherein intra-religiös verfasst, sondern als sittlich-normative Probleme sind sie inter-kontextuelle Probleme intersubjektiver, normativ orientierter Praktiken. Themenfelder wie beispielsweise Suizidassistenz, Partnerschaftsmodelle, ökologisches Handeln, die Anwendung von KI, von friedensethischen Fragen ganz zu schweigen, überschreiten die Grenzen religiöser Selbstverständigungen. Auch ihre theologisch-wissenschaftliche Bearbeitung sollte dann in einer Form erfolgen, die weder bestrebt ist, *ein* Metasystem von (Theologischer) Ethik zu entwickeln, noch verschiedene in sich abgeschlossene Diskurse Theologischer Ethiken nebeneinander zu stellen. Der Ausgangspunkt theologisch-ethischen Arbeitens – die sittlich-normativen Herausforderungen der Gegenwart – sind bereits als praktische Probleme in der hybriden Strukturiertheit interreligiöser Konstellationen intertheologisch angelegt. Das bedeutet natürlich nicht, dass verschiedene theologische Traditionen sie nicht unterschiedlich perspektivieren, akzentuieren und methodisch verschieden bearbeiten könnten. Der erste Block an Forschungsfragen, der bei den lebensweltlich verankerten normativen Problemen der Gegenwart ansetzt, lautet folglich:
– Was wird als aktuelles ethisches Problem identifiziert?
– Auf welche unterschiedlichen Weisen wird es als Problem perspektiviert?
– Wie können die verschiedenen Perspektiven sich gegenseitig erhellen im besseren Verständnis der normativen Welt?

---

[7] Aus philosophischer Perspektive entwickelt Stefan Gosepath ein instruktives Modell interkultureller Verständigung als Problemlösung: „Die Hintergrundannahmen, das Weltbild, die Weltanschauungen anderer lassen sich nur erschließen, indem wir sie als Lösungen für Probleme verstehen" ([2020]2021, 244). In Hinblick auf die Ethik deuten auch die Ausführungen von Julian Nida-Rümelin zum Verhältnis von lebensweltlich-normativem Orientierungswissen und wissenschaftlicher Ethik in eine ähnliche Richtung (2018, 189–192).

Der problem- und praxisorientierte Ansatz zeigt, dass Theologische Ethik zunächst einmal sehr viel mit Verstehen zu tun hat. Sie fügt sich damit in die hermeneutische Gesamtausrichtung der Intertheologie ein. Der Anspruch Theologischer Ethik erschöpft sich allerdings nicht im Verstehen, sondern ihr Ziel besteht in der Erarbeitung von Geltungsbegründungen, die ausweisen, *was* als das sittlich Gute anzusehen ist und *wie* diese Auffassung zu begründen ist. Etwas anders formuliert heißt das: Welche Option eines bestmöglichen Handelns lässt sich identifizieren und mit welchen Argumenten wie begründen? Das ist die Kernaufgabe des Faches. Die theoretischen Zugänge und Bezüge sind natürlich vielfältig. Unterschiedliche religiöse Traditionen haben unterschiedliche Akzentuierungen, Argumentationen und Begründungsmuster ausgebildet. Theologische Ethik intertheologisch gedacht kann sich jedoch nicht damit zufriedengeben, faktische Übereinstimmungen in der Handlungsorientierung ausfindig zu machen, sondern die viel tiefer reichende Frage zielt auf eine Untersuchung der Interferenz möglicher Begründungs- und Argumentationsfiguren ab.[8] Eine Diskussion unterschiedlicher Formen von Schriftbezug spielt dabei sicherlich eine zentrale Rolle. Der zweite Block an Forschungsfragen, der auf die Ebene ethischer Argumentation abzielt, lautet:

- Was gilt als Weg der Erkenntnis und Begründung des Guten?
- Welche intertheologischen Zusammenhänge lassen sich rekonstruieren?
- Welche interpretierende Aneignung des Anderen im Eigenen lässt sich rechtfertigen?
- Wie interferieren die materialen und begründungslogischen Bestimmungen des Guten?

Auch an dieser Stelle tritt die Doppelpoligkeit von Verstehen und Anerkennung zutage. Intertheologisches Arbeiten wird damit nicht nur Auswirkungen auf die theologisch-ethischen Problemlösungen haben, sondern betrifft genauso deren Verfahren und damit die Methodiken der beteiligten Ethiken selbst. Die interessante Frage ist, ob sich im Projekt der Intertheologie, ausgehend von den je eigenen Traditionen, kontexttranszendierende – nicht kontextabstinente – ethische Begründungsfiguren gewinnen lassen, die als Anderes und Eigenes zugleich Anerkennung finden können.

Gemäß des Verständnisses von Theologischer Ethik als praktischer Problemlösungswissenschaft müssen sich die durch die Begründungen generierten Handlungs-

---

[8] Für eine Argumentation gegen Konvergenz ohne Verständigung im Bereich der politischen Theorie vergleiche Martin Breuls „Übersetzbar? Überlegungen zu einer Epistemologie der Übersetzung religiöser Überzeugungen in politisch-theologischer Absicht." (2024, 81 Fußnote 23). Ähnliche Bedenken lassen sich für den Bereich der Ethik formulieren.

orientierungen in den konkreten Lebenswelten bewähren.[9] Sie müssen in der Lage sein, die normativen Probleme bestmöglich zu lösen, indem sie eine größere Realisierung des Guten in Aussicht stellen. Und dieses wiederum wird nicht allein ein für einen bestimmten religiösen Kontext singulär Gutes sein, sondern der Begriff des Guten trägt in sich zumindest als regulative Idee einen allgemeinen Zug. Entsprechend ist der Anspruch der verschiedenen Theologischen Ethiken in der Regel nicht, allein für die eigene Gemeinschaft Aussagen über das Gute zu treffen, deren Nachvollziehbarkeit an den Grenzen der Gemeinschaft endete (Fergusson 1998). Dies führt zum dritten Block an Forschungsfragen, die die Argumentation an die lebensweltliche Bewährung rückbinden:

– Welche normativ-praktischen Handlungsorientierungen werden generiert?
– Welche gemeinsamen Optionen werden in bleibender Differenzierung sichtbar?
– In welchem Kontext vermögen die Optionen sich wie zu bewähren?

Jeder der drei Schritte hat ein intertheologisches Moment und zusammen bilden sie einen gemeinsamen Arbeitsprozess verschiedener Theologischer Ethiken. Dieser Ansatz unterstreicht, dass es nicht allein um das Rekonstruieren faktischer Verflechtungen geht, sondern hat als „Doing Theology" einen performativen Charakter. Das Verstehen von Verflechtungen in der Bearbeitung ethischer Probleme ist schon viel. Die Etablierung einer verflochtenen Problemlösungsstrategie unter Eruierung kontexttranszendierender Begründungskriterien ist ungleich mehr. Hierin liegt das ganze Potenzial der normativen Dimension in der Intertheologie begründet: Der Gegenstand Theologischer Ethik, das sittlich Gute, legt von sich aus nahe, dass sowohl das lebensweltliche Ausgangsproblem, als auch die Begründungs- und Argumentationsfiguren, als auch das Ziel praktischer Handlungsorientierung als Problemlösung kontexttranszendierend zu verstehen sind. Unter der Annahme, dass es eine moralische Verpflichtung gibt, eine bestmögliche Erkenntnis und Begründung des Guten anzustreben, ist eine Intertheologie unter der hermeneutischen Prämisse durchlässiger ethischer Systeme, die ein besseres Verständnis vom Guten in Aussicht stellt, nicht allein ein intellektuell und gesellschaftlich reizvolles Unterfangen, sondern ein Projekt, das sich für die an ihr beteiligten Theologischen Ethiken von ihrem Gegenstand aus als geboten darstellt.

Theologische Ethik im Feld der Intertheologie kann dafür sensibilisieren, dass auch Intertheologie kein in sich abgeschlossenes System darstellt, sondern in Wech-

---

9 Der Terminus der „Bewährung" ist kennzeichnend für pragmatistische Ansätze. Der hier entwickelte Vorschlag von Theologischer Ethik als Problemlösungswissenschaft verdankt sich pragmatistischen Impulsen. Eine der wenigen Untersuchungen, die eine Brücke zwischen Theologischer Ethik und philosophischem Pragmatismus schlagen, ist die von Alexander Filipovic (2015).

selwirkung mit dem gesellschaftlichen und wissenschaftlichen Umfeld steht. Weder die ethischen Probleme noch die angezielten Orientierungen stellen spezifisch religiöse oder theologische Phänomene dar. Anders formuliert: Die Auseinandersetzung mit dem sittlich Guten trägt einen allgemein-menschlichen Zug, der intertheologisches Arbeiten notwendig auf sein Außen verweist. Der Bereich des „Inter" dürfte sich im Bereich der Theologischen Ethik vielmehr häufig als Weg erweisen, der eine Vermittlung über nicht explizit religiöse Denkweisen genommen hat und auch gegenwärtig nimmt. Zu denken ist hier an erster Stelle natürlich an die Praktische Philosophie.[10] Das Gelingen intertheologischen Arbeitens wird dann auch davon abhängen, inwiefern es gelingt, die nicht-theologischen Elemente aufzunehmen.

## 4 Ergebnis: Perspektiven Theologischer Ethik in der und für die Intertheologie

Das Grundanliegen dieses programmatisch zu verstehenden Entwurfs besteht darin, auf die Potentiale zu fokussieren, die im Projekt der Intertheologie aus theologisch-ethischer Sicht liegen. Dies soll Schwierigkeiten und Hemmnisse nicht ausblenden, aber zunächst einmal den Raum eröffnen, um in konstruktiver Hinsicht der Idee der Intertheologie und den Theologischen Ethiken in ihr als Problemlösungswissenschaften nachzugehen. Deswegen stehen auch grundsätzlichere Betrachtungen statt Themen der konkreten Ethik im Vordergrund, die vielleicht anschaulicher, aber für das Gesamtprojekt weniger aussagekräftig wären. Aus demselben Grund sind auch die (vermeintlichen) Spezifika einer katholisch-theologischen Ethik nicht näher beleuchtet worden. Alles das darf den weiteren Projekten in der Intertheologie anheimgestellt werden. An dieser Stelle seien die drei zentralen Ergebnisse festgehalten:
1. Das Gelingen des Projekts der Intertheologie hängt von einer hermeneutischen Vorentscheidung ab, mit welchem Selbstverständnis die eigene Theologie kontextuell verortet wird. Dies ist eine normative Rahmenbedingung.

---

[10] Obige Ethikdefinition hat mit Ludwig Siep bewusst einen philosophischen und nicht theologischen Bezugspunkt formuliert. Dies hat zwei Gründe: Zum einen sollte bewusst eine Engführung von Theologischer Ethik auf katholische Moraltheologie vermieden werden. Denn hierin hätte gemäß der Verortung des Verfassers die theologisch grundierte Alternative bestanden. Zum anderen sollte damit bewusst ein Akzent gesetzt werden, dass Gegenstand und Methoden der Ethik nicht exklusiv theologisch sind.

2. Intertheologie als Ganze ist ein Projekt des Verstehens und eines auszuhandelnder Anerkennungen. Die politische und gesellschaftliche Brisanz liegt vor allem im zweiten. Das erste ist dessen notwendige Voraussetzung, es wäre aber naiv anzunehmen, dass Anerkennung im Verstehen per se enthalten oder mit ihm schon begründet wäre. Dies ist die normative Dimension *der* Intertheologie.
3. Theologische Ethiken weisen eine genuine Affinität zu intertheologischem Arbeiten auf, da ihr Gegenstand, das sittlich Gute, immer schon einen kontexttranszendierenden Anspruch in sich trägt. Ein aussichtsreicher Anweg liegt in ihrem Verständnis als Problemlösungswissenschaft. Dabei setzen sie im Feld der Praxis an, erarbeiten unter Bezugnahme auf die religiösen Traditionen systematische Orientierungsangebote, die sich ihrerseits in der Praxis bewähren müssen. Dies ist die normative Dimension *in der* Intertheologie.

## Literaturverzeichnis

Birnbacher, Dieter. 1999 „Für was ist der ‚Ethik-Experte' Experte?" In *Angewandte Ethik in der pluralistischen Gesellschaft*, hg. v. Klaus Peter Rippe. Freiburg: Academic Press Fribourg, 267–283.

Breul, Martin. 2015, *Religion in der politischen Öffentlichkeit: Zum Verhältnis von religiösen Überzeugungen und öffentlicher Rechtfertigung*. Paderborn: Schöningh.

Breul, Martin. 2024. „Übersetzbar? Überlegungen zu einer Epistemologie der Übersetzung religiöser Überzeugungen in politisch-theologischer Absicht." In *Zwischen Lebensform und Weltanschauung. Religiöse Gründe in der Öffentlichkeit*. Quaestiones disputatae, hg. v. Martin Breul, Benedikt Rediker und Benedikt Schmidt. Freiburg: Herder, 68–89.

Dhawan, Nikita. 2021. „Die Aufklärung vor den Europäer*innen retten." In *Normative Ordnungen*, hg. v. Rainer Forst und Klaus Günther. Berlin: Suhrkamp, 191–208.

Fergusson, David. 1998. *Community, Liberalism and Christian Ethics*. New Studies in Christian Ethics 13. Cambridge: Cambridge University Press.

Filipovic, Alexander. 2015. *Erfahrung – Vernunft – Praxis. Christliche Sozialethik im Gespräch mit dem philosophischen Pragmatismus*. Gesellschaft – Ethik – Religion 2, Paderborn: Schöningh.

Forst, Rainer. 2011. *Kritik der Rechtfertigungsverhältnisse. Perspektiven einer kritischen Theorie der Politik*. Frankfurt: Suhrkamp.

Forst, Rainer. 2021. *Die noumenale Republik. Kritischer Konstruktivismus nach Kant*. Berlin: Suhrkamp.

Gosepath, Stefan. 2021. „Die Notwendigkeit globaler Philosophie." In *Normative Ordnungen*, hg. v. Rainer Forst und Klaus Günther. Berlin: Suhrkamp, 233–248.

Habermas, Jürgen. 2020. *Zwischen Naturalismus und Religion. Philosophische Aufsätze*. Frankfurt: Suhrkamp.

Honneth, Axel. 2014. *Kampf um Anerkennung. Zur moralischen Grammatik sozialer Konflikte. Mit einem neuen Nachwort*. Frankfurt: Suhrkamp.

Joas, Hans. 2012. *Die Sakralität der Person. Eine neue Genealogie der Menschenrechte*. Berlin: Suhrkamp.

Körner, Felix 2021. *Identitäten und Kulturen. Kontexte im Konflikt*. Jerusalemer Religionsgespräche 3. Freiburg: Herder.

Körner, Felix. 2022. „Interactive Theology. A New paradigm for a New Constellation." In *Witness to a Common Hope*, hg. v. Herman Roborgh und Joseph Victor Edwin. Gujarat: Gujarat Sahitya Prakash, 19–33.
Nida-Rümelin, Julian. 2018. *Philosophie und Lebensform*. Berlin: Suhrkamp.
Nida-Rümelin, Julian. 2020. *Eine Theorie praktischer Vernunft*. Berlin/Boston: Walter de Gruyter.
Ricœur, Paul. 2004. *Parcours de la reconnaissance. Trois études*. Paris: Stock.
Ricœur, Paul. 2006. *Wege der Anerkennung. Erkennen, Wiedererkennen, Anerkanntsein. Aus dem Französischen von Ulrike Bokelmann und Barbara Heber-Schärer*. Frankfurt: Suhrkamp.
Schmidt, Benedikt. 2017. *Gottes Offenbarung und menschliches Handeln. Zur ethischen Tragweite eines theologischen Paradigmenwechsels*. Studien zur Theologischen Ethik 148. Freiburg/Würzburg: Academic Press Fribourg/Echter.
Schmidt, Benedikt. 2024. „Worüber hinaus nichts Größeres getan werden kann. Supererogation als paradigmatische Schnittstelle vom moralischen, ethischen und religiösen Gebrauch der Vernunft." In *Zwischen Lebensform und Weltanschauung. Religiöse Gründe in der Öffentlichkeit. Quaestiones disputatae 335*, hg. v. Martin Breul, Benedikt Rediker und Benedikt Schmidt. Freiburg: Herder, 284–312.
Specker, Tobias und Mira Sievers. 2021 „*Intertheologie: Verflechtungen zwischen Judentum, Christentum und Islam*." In: Feinschwarz (23.06.2021). https://www.feinschwarz.net/intertheologie-verflechtungen-zwischen-judentum-christentum-und-islam (05.02.2024).
Siep, Ludwig. 2016. *Konkrete Ethik. Grundlagen der Natur- und Kulturethik*. Frankfurt: Suhrkamp.

Henrik Simojoki
# Intertheologie – praktisch-theologisch weitergedacht

## 1 Intertheologie: Versuch einer praktisch-theologisch geleiteten Rekonstruktion

Wie Mira Sievers und Tobias Specker in ihrem Programmaufsatz „Intertheologie: Jenseits von Gemeinsamkeiten und Unterschieden" beschreiben und in weiteren Beiträgen dieses Heftes deutlich wird, hat die Intertheologie ihre Pointe darin, dass Theologie im Sinne einer wissenschaftlich durchgeklärten Glaubensreflexion als eine gemeinsame Errungenschaft bzw., plastisch formuliert, gemeinsame Baustelle von, in diesem Fall, Judentum, Christentum und Islam zu verstehen ist (Sievers und Specker 2021). Daraus ergibt sich eine Nähe zu bereits existierenden Ansätzen auf dem Feld einer interreligiös dimensionierten Theologie und Religionsforschung: historisch etwa mit der „Entangled History"-Perspektive (vgl. Drews und Scholl 2016) oder der Arbeit des von Katharina Heyden und David Nirenberg vorangetriebenen „Co-produced religions"-Projekts (vgl. Heyden 2022); systematisch mit relationalen Entwürfen, die, wie etwa Reinhold Bernhardts „Inter-religio"-Ansatz (Bernhardt 2019) oder Henning Wrogemanns Theologie interreligiöser Beziehungen (Wrogemann 2015), welche die hybride Strukturiertheit interreligiöser Konstellationen verständlich machen und auf eine normative Aufwertung der jeweiligen Beziehungsgegenüber in interreligiösen Beziehungsgefügen hinarbeiten.

Noch stärker als in diesen Ansätzen scheint meinem Verständnis nach für die Intertheologie charakteristisch zu sein, dass sie das „Inter" der Theologie sowohl auf der Gegenstandsebene als auch auf der Ebene der wissenschaftlichen Theologieproduktion verortet und reflektiert. Weil die Verflechtungsphänomene im interreligiösen Feld nicht symmetrisch sind, sondern von tiefgreifenden Asymmetrien gekennzeichnet sind, kann deren Reflexion nur kooperativ im Austausch zwischen den auf die jeweiligen Religionen innenperspektivisch bezogenen Theologien erfolgen. Dieser Gedanke ist praktisch-theologisch von einiger Tragweite, weshalb er später in diesem Beitrag aufgenommen werden soll.

Davor will ich auf einen Punkt eingehen, der mir im Programm einer Intertheologie wichtig und fruchtbar erscheint, nämlich dass es intratheologisch an der eingespielten Arbeitsteilung der in Teildisziplinen ausdifferenzierten theologischen Wissenschaftsorganisation rüttelt. Etwas vereinfacht ausgedrückt: Wenn ich richtig sehe, zielt das Konzept der Intertheologie auch intratheologisch auf eine Perspektivenverschränkung. Im Programmaufsatz von Sievers und Specker (2021, 172) wird diese Perspektivenverschränkung im „Zueinander der theologiegeschichtlichen und systematischen Perspektiven" entfaltet und reflektiert. Wer den Beitrag genauer liest, merkt, dass er, auf Spuren Margit Eckholts, durchaus Verflechtungsphänomene auf der Ebene religiöser Praktiken im Blick hat (Sievers und Specker 2021, 170–171; vgl. Eckholt 2020, 48). Allerdings fällt auch auf, dass die Praktische Theologie hier nicht in das intertheologische Ensemble des perspektivischen Zueinanders inkludiert ist. Hier schließt die Intention des vorliegenden Beitrags an, den Ansatz der Intertheologie praktisch-theologisch weiterzudenken. Es geht zum einen darum, den potenziellen Mehrwert der intertheologischen Perspektive für praktisch-theologische Forschung aufzuzeigen. Zum anderen soll deutlich werden, dass die Perspektive der Intertheologie nicht unverändert bleibt, wenn man sie in eine praktisch-theologische Analyse- und Reflexionslogik überführt.

## 2 Doing interreligiosity – intertheologische Potenziale eines praxistheoretischen Deutungsrahmens

Wenn ich das multiperspektivische Zueinander der Intertheologie um die Praktische Theologie ergänze, ist damit kein anwendungswissenschaftliches Praxisverständnis impliziert. Vielmehr verbinden sich mit dieser Perspektivenerweiterung mehrere Pointen, die sich im Rahmen eines praxistheoretischen Analyse- und Deutungsrahmens besonders treffend ausdrücken lassen.

Was trägt eine solche Perspektive für die Analyse und Deutung interreligiöser Verflechtungsphänomene aus? Für eine Antwort auf diese Frage ist es hilfreich, sich zunächst in Aufnahme von Impulsen aus Andreas Reckwitz' weit rezipierter Grundlegung einer Theorie sozialer Praktiken einige Essentials praxistheoretischer Wirklichkeitszugänge vor Augen zu führen (Reckwitz 2003; vgl. zudem Moos 2020). Als Veranschaulichungsbeispiel dient ein interreligiöser Gottesdienst, der am 22. März 2020, am ersten Sonntag nach dem pandemiebedingten Lockdown, in der Kaiser-Wilhelm-Gedächtniskirche gefeiert und aufgenommen wurde.[1] Das Video wurde vom rbb im Rahmen der Reihe „rbb macht's" produziert. Zentrale konzeptionelle Verantwortung trug die Rundfunkbeauftragte der EKBO, Pfarrerin Barbara Manterfeld-Wormit. Ich wähle diesen Gottesdienst,

---

[1] Der Gottesdienst war online zugänglich unter: https://www.rbb-online.de/derrbbmachts/gottesdienst/oekumenischer-gottesdienst-in-der-kaiser-wilhelm-gedaechtniskirc.html.

weil er – und das wird noch von Bedeutung sein – mit einer weiteren interreligiösen Verflechtungssituation verbunden ist: Wir haben ihn im Wintersemester 2020/2021 gemeinsam mit Torsten Meireis in einem multireligiös zusammengesetzten Seminar zum Thema „Kirche – relevant in der Krise" im Beisein von Manterfeld-Wormit multiperspektivisch diskutiert.

Bereits an der Grundkonstellation werden die Pointe und der Mehrwert einer praxistheoretischen Perspektive plastisch ersichtlich. Inmitten einer bis dahin analogielosen Krisensituation wird ein prominenter evangelischer Gottesdienstraum zum Ort medial inszenierter Interreligiosität. Die Abbildung unten hält in der Form eines Screenshots eine Totalaufnahme auf den Abschlusssegen fest (Abb. 1).

**Abb. 1:** Totalaufnahme des Schlusssegens im Gottesdienst vom 22.03.2020 in der Kaiser-Wilhelm-Gedächtniskirche zu Berlin. © rbb machts.

Blickt man durch die praxistheoretische Brille auf diese Szene, fällt zunächst die Körperlichkeit interreligiöser Inszenierungspraktiken auf (vgl. Reckwitz 2003, 290). Die Vertreter:innen der Religionen stehen im Altarraum, die Musiker:innen vorne links. Es ist aufschlussreich, wenn man das gesamte Video allein unter dem Gesichtspunkt untersucht, wie sich die Handelnden im Raum und zueinander positionieren. Oft stehen wie hier die evangelischen und katholischen Zelebrierenden etwas näher zueinander.

Zur Körperlichkeit gehört sodann die Performativität interreligiösen Raumhandelns (vgl. Reckwitz 2003, 290). Die evangelische Superintendentin hat ihre

Arme zum Segen aufgespannt, in auffälliger Kongruenz zu der Christusfigur, die das liturgische *Doing interreligiosity* überwölbt. Die jüdische Kantorin und der muslimische Imam stehen etwas Abseits und schauen schräg nach unten. Wer den gesamten Gottesdienst anschaut, erkennt religionsspezifische Performanzmuster, die auf je eigene Art und Weise in den Raum hineinwirken. Die freie Kommunikation des Evangeliums liegt bei den christlichen Akteurinnen, während bei den Performanzen der Beitragenden der anderen Religionsgemeinschaften gebundene Formen überwiegen: Gebet, Rezitation und Gesang.

Auch die Materialität dieser Handlungen (vgl. Reckwitz 2003, 290–291) ist augenscheinlich, was bereits bei der Kleidung beginnt: Während drei Akteur:innen in liturgischen Gewändern agieren, trägt die katholische Pastoralreferentin festliche Alltagskleidung – und Turnschuhe. Weitet man den Blick auf den gesamten Raum, sieht man, dass Taufstein und Ambo am Rand stehen. Sichtbar ist die liturgisch tragende Bedeutung von Kerzenlicht, das in den Fürbitten rituell eingebunden wird und zwischen den unterschiedlichen Gebetstraditionen vermittelt.

Ebenfalls zu beachten ist ein Aspekt, der für Reckwitz' Verständnis sozialer Praktiken zentral ist: „Für die Praxistheorie ist es nicht die vorgebliche Intentionalität, sondern die wissensabhängige *Routinisiertheit*, die das soziale Handeln ‚anleitet'" (Reckwitz 2003, 293, Kursivschreibung im Original). Es ist nicht zuletzt diese Routinisiertheit, die interreligiöse Liturgiepraktiken oft spannungsvoll macht. Gottesdienste etwa folgen einer festen Liturgie, die sich oft über Jahrhunderte hinweg ausgebildet hat – weshalb kleinste Veränderungen an den Gottesdienstordnungen in Kreisen entsprechend Engagierter für erbitterte Diskussionen sorgen können. Es existiert also ein Handlungsrahmen, der von den Beteiligten selbstverständlich vorausgesetzt werden kann und sie davon entlastet, ihr Handeln kontinuierlich begründen und legitimieren zu müssen. Wie am Beispiel des interreligiösen Pandemiegottesdienstes deutlich wird, liegt eine Herausforderung interreligiösen Raumhandelns darin, dass solche für alle stimmige Regelpraktiken nicht vorliegen, sondern allererst gefunden werden müssen. Folglich gehen interreligiösen Gottesdienstpraktiken unweigerlich oft konstruktive und manchmal konfliktreiche Prozesse des Aushandelns voraus.

An dieser Stelle will ich nun stärker von der Phänomen- auf die Analyseperspektive wechseln – und kehre zu der hochschuldidaktischen Erschließungssituation zurück, von der meine Überlegungen ihren Ausgang nehmen. Denn im besagten Seminar machte sich bei der analytischen Auseinandersetzung mit dem Gottesdienst schnell eine Asymmetrie bemerkbar. Bei einer von zwei evangelischen Theologen und einer evangelischen Rundfunkpfarrerin geleiteten Sitzung waren die islamische, jüdische und katholische Perspektive nicht auf der Expert:innen-Ebene repräsentiert. Insbesondere die muslimischen Seminarteilnehmenden monierten – völlig zurecht – das Fehlen einer islamisch-theologischen Perspektive auf die von uns analysierten

Inszenierungspraktiken. Etwas abstrakter ausgedrückt: Im interpretativen Prozess brachen Fragen der Repräsentation (vgl. Simojoki 2023, 124–30) und der Deutungsmacht (vgl. Stoellger 2014) auf. Aus meiner Sicht liegt ein besonderes Potenzial der intertheologischen Perspektive darin, dass sie sowohl auf der Gegenstands- als auch auf der Analyseebene für die Machtdimension im Feld des Interreligiösen sensibilisiert und die Repräsentationsfrage konsequenter in der theologischen Verarbeitung und Deutung interreligiöser Kommunikationspraktiken einträgt.

## 3 Boundary work: Drei-Religionen-Projekte als interreligiöse Öffentlichkeitspraktiken

Die Notwendigkeit, Intertheologie praktisch-theologisch weiterzudenken, ergibt sich ferner daraus, dass interreligiösen Verflechtungsphänomenen und -praktiken in der Gegenwart eine gesteigerte Bedeutung zukommt. Ich will das kurz am Beispiel von sog. Drei-Religionen-Projekten veranschaulichen. Natürlich denkt man dabei in Berlin zuerst an das House of One als Flaggschiff programmatischer Öffentlichkeitspraktiken im Feld des Interreligiösen (Hohberg 2022; vgl. Rötting 2023) – oder auch an die Drei-Religionen-KiTa, die aktuell in Berlin-Friedrichshain Gestalt gewinnt (vgl. Radosh-Hinder 2021). Man könnte hier aber noch an ein viel weiter reichendes Netzwerk programmatisch interreligiöser Initiativen denken, wie sie etwa im Interreligiösen Stadtplan des Berliner Forums der Religionen sichtbar wird.

Dass solche Drei-Religionen-Projekte gerade in Berlin nun schon seit Jahrzehnten öffentlichkeitswirksam aufgebaut werden, ist kein Zufall (vgl. Simojoki und Häusler, 2022). Denn in Berlin verbinden sich das Multireligiöse und das Säkulare zu einer spezifischen Melange. Während auf der einen Seite die Globalisierung von Religion in dieser Weltstadt mehr als anderswo in Deutschland Raum und Gestalt gewinnt, sind gleichzeitig die Säkularisierungsschübe hier so weit vorangeschritten, dass religiöse Weltzugänge öffentlich wie privat unter erheblichen Plausibilisierungsdruck geraten sind und vielen Menschen als fremd, abwegig oder gar gefährlich erscheinen.

Um den anhaltenden Boom interreligiöser Programminitiativen zu verstehen, muss man sehen, wie das eine mit dem anderen zusammenhängt: In der säkular gestimmten Weltstadt besitzt das Interreligiöse eine besondere Strahlkraft. Das gilt zunächst „nach außen" im Blick auf die Öffentlichkeit: Gegenläufig zur generellen Tendenz in Richtung negativer Religionsfreiheit, wie sie etwa in den Diskussionen um die vom Bezirksamt Neukölln angestrebte Einrichtung einer „Anlauf- und Registerstelle konfrontative Religionsbekundung" zum Ausdruck kommt, hat der Berliner Senat eine ganze Reihe interreligiöser Dialog- und Verständigungsprojekte unterstützt. Auch der Ausbau der Theologien an der Humboldt-Universität zu Berlin steht im Zusammenhang einer religionspolitischen Großwetterlage, die das Interreligiöse am Religiösen favorisiert.

Allerdings zeigen sich am Beispiel der Drei-Religionen-Projekte auch die Herausforderungen, sie sich ergeben, wenn das Interreligiöse programmatisch inszeniert und in Form gemeinsamer Praxis überführt werden soll. Denn in Drei-Religionen-Projekten kommt zu den bewährten Wegen interreligiöser Bildung, Verständigung und Konvivenz etwas Neues hinzu. Das Interreligiöse verräumlicht sich, bekommt einen festen und eigenen Ort. An diesem Ort sind interreligiöses Zusammenleben und gemeinsames Lernen nicht mehr die Ausnahme, sondern die Regel. Die damit verbundene Herausforderung ist nicht gering: Denn für das Leben und Lernen unter einem Dach müssen Übereinkünfte und Regelpraktiken gefunden werden. Weil hier das Interreligiöse zu einer gemeinsamen und stetigen Gestaltungsaufgabe wird, man hier also auf keine eingelebten Routinen zurückgreifen kann, sind Drei-Religionen-Projekte in der Regel strittig und können für die Beteiligten teilweise auch anstrengend sein. Sie benötigen Geduld und einen langen Atem. Gemeinsames Leben will eben erst gelernt sein.

Wie vielschichtig solche Aushandlungsprozesse zum Gegenstand praktisch-theologischer Forschung werden und als „boundary work" konzeptualisiert werden können, veranschaulicht Silke Radosch-Hinder (2021) in ihrer eindrücklichen Dissertation zu den Diskurspraktiken bei der Konstitution der Drei-Religionen-KiTa. Ein intertheologischer Analyserahmen wäre dazu geeignet, interreligiöse Kooperations- und Konvivenzpraktiken durch multiperspektivisch vernetzte Forschung empirisch zu erforschen und systematisch zu deuten.

## 4 Transpartikularisierung als Gestaltungsaufgabe: Interreligiöse Professionspraktiken zwischen Pluralisierungsimperativ und Partikularbindung

Das Proprium der intertheologischen Perspektive auf religiöse Praktiken erwächst aus Transformationsdynamiken, die mit der im Berliner Kontext besonders präsenten religiös-gesellschaftlichen Pluralisierung verbunden sind (zum Folgenden vgl. Simojoki 2020). Unter den Bedingungen der spätmodernen Multioptionsgesellschaft verlieren tradierte Praktiken religiöser Traditionen ihre Selbstverständlichkeit; sie formieren sich vielmehr in implizitem oder explizitem Bezug aufeinander, in oft konstruktiven, aber auch potenziell konfliktträchtigen Prozessen der Verständigung, Aushandlung und Abgrenzung.

Das gilt in besonderer Weise für religiös dimensionierte Professionspraktiken, die sich im Rahmen eines primär staatlich definierten Funktionsbereichs an die Allgemeinheit richten: zu denken ist hier an den Religionsunterricht an staatlichen Schulen, an die klinische Seelsorge im weiteren Kontext des Gesundheitswesens, die Gefängnisseelsorge im weiteren Kontext des Justizvollzugs oder an im weiteren Kontext des Sozialstaates agierende Wohlfahrtsverbände wie Caritas, Diakonie bzw. Einrichtungen der jüdischen und muslimischen Wohlfahrtspflege (vgl. Simojoki 2020, 116–118). In allen diesen Feldern haben sich neue multireligiöse Konstellationen ergeben, in denen die für religiöse Öffentlichkeitspraktiken charakteristische Spannung von Pluralitätsorientierung und Partikularbindung ausbalanciert werden muss – und zwar so, dass sie auch gegenüber den Orientierungserwartungen einer säkular gestimmten Öffentlichkeit Plausibilität gewinnen. Peter Dabrock (2001) hat diese Rechenschaftsaufgabe als „Transpartikularisierung" konzeptualisiert.

Der diesbezüglich gestiegene Transformationsdruck lässt sich an neueren Entwicklungen und Diskursen um den Religionsunterricht veranschaulichen. Nachdem der konfessionelle Religionsunterricht in Deutschland lange Zeit nicht-christliche Religionen entweder gar nicht oder nur am Rande thematisierte, steht er seit den 1960er Jahren im Zeichen einer sukzessiven interreligiösen Öffnung. Mittlerweile hat sich interreligiöse Bildung als ein zunehmend zentraler Lernbereich des Religionsunterrichts etabliert (vgl. Meyer 2019). Allerdings nimmt der Pluralisierungsdruck auf den Religionsunterricht weiter zu (vgl. Gärtner 2019). Angesichts des Rückgangs evangelischer und katholischer Schüler:innen bei gleichzeitiger Zunahme etwa von muslimischen, buddhistischen oder auch christlich-orthodoxen Schüler:innen zeigt sich immer mehr, dass es bei der traditionellen Form – konfessioneller Religionsunterricht mit interreligiösen Themeneinheiten – auf lange Sicht wohl nicht bleiben wird. Gefordert sind vielmehr Lernkonstellationen, die gemeinsames Lernen für Schüler:innen unterschiedlicher Religions- und Konfessionszugehörigkeit ermöglichen.

Besonders weit auf diesem Weg ist man in Hamburg, wo der Religionsunterricht für alle mittlerweile von evangelischen, katholischen, jüdischen, islamischen und alevitischen Trägern gemeinsam verantwortet wird (vgl. Bauer 2022). Der Blick in die Hansestadt ist vor dem Hintergrund meiner Ausgangsfrage besonders hilfreich, weil er die Notwendigkeit einer intertheologischen Fundierung interreligiöser Professionspraktiken deutlich macht. Die religionsdidaktische Herausforderung eines solchen Unterrichts besteht darin, dass das Interreligiöse von den Lehrkräften nicht personal repräsentiert werden kann. Auch wenn der trägerplurale Religionsunterricht für alle von den Religionsgemeinschaften gemeinsam verantwortet wird, ist es doch letztlich stets eine Lehrkraft, die diesen Unterricht erteilt. Diese Lehrkraft muss nun in der Lage sein, religiöse Bildungsprozesse so zu initiieren, dass die Schüler:innen unterschiedlicher Religionszugehörigkeit sich mit ihren Perspektiven in den Unterrichtsprozessen repräsentiert fühlen können.

Aber wie soll das gehen? Eine evangelische Lehrkraft kann ja nicht authentisch für islamische Bildungsgehalte einstehen und zugleich haben die muslimischen Schüler:innen das Recht, sich im Religionsunterricht mit Innenperspektiven auf ihre eigene religiöse Tradition auseinanderzusetzen. Die Hamburger Antwort auf diese Herausforderung lautet: interreligiös verantwortete Materialentwicklung und Professionalisierung (vgl. Ağuiçenoğlu, Bauer und Edel 2023). Wenn die für den Religionsunterricht für alle leitende Multiperspektivität nicht personal auf Lehrkraftseite abgebildet werden kann, müssen authentische Innenperspektiven auf Religion medial eingespielt werden, sei es über klassische Buchmedien, sei es über Erklärvideos oder digitale Diskussionsformate. Diese Unterrichtsmaterialien werden in interreligiös-kooperativen Teams entwickelt, die wiederum auf entsprechende theologische Theoriebestände zurückgreifen können müssen. Zugleich setzt Unterrichten in multireligiösen Settings bei Lehrkräften entsprechende Kompetenzen voraus; denn es geht ja in einem solchen Unterricht keineswegs nur um Wissensvermittlung zu den einzelnen Religionen, sondern darum, religiöse Perspektiven produktiv zu verschränken – einschließlich der personal oder medial repräsentierten Innenperspektive.

Ich sehe daher bei dem intertheologischen Ansatz aufgrund seiner Doppelseitigkeit – Intertheologie auf der religionsbezogenen Gegenstandsebene und Intertheologie auf der wissenschaftlichen Produktionsebene – besondere Potenziale, interreligiöse Professionspraktiken im öffentlichen Raum theologisch zu fundieren.

## 5 Critical Incidents: Interreligiöse Überschneidungssituationen als Gestaltungsaufgabe

Zum Abschluss dieses Beitrages wird eine Perspektive akzentuiert, die in der knospenden Fundierungsarbeit an der Intertheologie bislang vielleicht zu wenig Aufmerksamkeit bekommt. Das Problem des auch in diesem Beitrag rezipierten zeitdiagnostischen Diagnosebegriffs der religiösen Pluralität besteht darin, dass er den Eindruck vermittelt, es handle sich bei der religiösen Vielfalt in der Gegenwart um einen Zustand, eine Kondition, zu der sich Menschen irgendwie verhalten müssen. Das ist aber zu einfach gedacht. Denn religiöse

Pluralität aktualisiert sich situativ, wird in konkreten lebensweltlichen Anforderungssituationen erfahrbar. Joachim Willems hat dafür den Begriff „interreligiöser Überschneidungssituationen" geprägt und konzeptionell profiliert (vgl. Willems 2011, 229–242; Willems 2013). Der Begriff entstammt der interkulturellen Psychologie bzw. der interkulturellen Kommunikationsforschung. Er bezieht sich auf solche Situationen, in denen Interagierende durch Religionskulturen geprägte, emotional mitbestimmte Deutungs-, Verhaltens-, Zuschreibungs- und Bewertungsmuster zur Anwendung bringen und in denen sich durch die relative Inkongruenz dieser Muster Spannungen ergeben. Etwas einfacher formuliert: Interreligiöse Überschneidungssituationen sind Begegnungssituationen, in denen Personen mit verschiedenen religiösen und weltanschaulichen Ausrichtungen aufeinandertreffen und eine Divergenz ihrer jeweiligen Perspektiven auf einen bestimmten Sachverhalt vorliegt und sich diese Differenz bemerkbar macht.

Manchmal gewinnen Orientierungsherausforderungen in interreligiösen Überschneidungssituationen an öffentlicher Bedeutung: An einem Lüneburger Gymnasium hatte 2017 eine muslimische Schülerin im Dezember den Musikunterricht verlassen, als dort Weihnachtslieder gesungen wurden. Der Schulleiter hatte den Lehrkräften daraufhin empfohlen, „aus Rücksichtnahme auf andersgläubige Schüler in solchen Situationen auf religiöse Weihnachtslieder zu verzichten." Es folgte ein großer Aufschrei, der es bis in den niedersächsischen Landtag schaffte. Das Kultusministerium sah sich im Januar zu einer Klarstellung genötigt: „Ein Verbot zum Singen von Weihnachtsliedern an unseren Schulen gibt es nicht!", so die öffentlichkeitswirksame Erklärung (Sternitzke 2018).

Das Beispiel macht deutlich, warum interreligiöse Überschneidungssituationen für die Beteiligten oft schwer zu „händeln" sind. Eine in der historischen Religionstradition verankerte Praxis wird begründungsbedürftig, bzw. in diesem Fall regelrecht problematisch, weil sie in die negative Religionsfreiheit nicht-christlicher Schüler:innen hineingreift – eine Freiheit, von der eine Schülerin aktiv Gebrauch gemacht hat. Dass diese Situation es tatsächlich in den niedersächsischen Landtag bzw. in die Zeitungen brachte, hat mit einer zweiten Eigenheit interreligiöser Überschneidungssituationen zu tun: Sie sind oft in komplexer Weise mit etwa der kulturellen und politischen Sphäre verknäult. Dazu gehört hier: Weihnachten ist ein emotionales Thema und lässt sich natürlich auch entsprechend gut politisch verwerten.

Natürlich sind nicht alle interreligiösen Überschneidungssituationen konfliktgeladen. Auch die Frage, wie ich mich als Christ bei einer jüdischen Bestattung verhalte oder mit Buddhist:innen über Glaubensfragen ins Gespräch komme, gehört in diesen Bereich. Worum es vor allem geht: Interreligiöse Überschneidungssituationen setzen Kompetenzen voraus, die in Bildungsprozessen erworben werden können. Um solche Situationen angemessen zu bewältigen, sind Deutungs- und Urteilskompetenzen sowie darauf basierende Handlungskompetenzen vonnöten. Sie setzen ferner religionsbezogene Kenntnisse voraus und Empfindsamkeit für Einstellungen und Haltungen.

Die eigentümliche Spannung interreligiöser Überschneidungssituationen erwächst daraus, dass sie im Dazwischen zu verorten sind, was verunsichern, herausfordern und bereichern kann. Wenn ich Mira Sievers und Tobias Specker richtig verstehe, hat auch die Intertheologie hier ihren spezifischen Fokus: Sie richtet sich, ich zitiere, auf das Feld des ‚Zwischen' als einer „Kontaktzone, in dem ein geteilter Alltag und zugleich konflikthafte Spannungen wie transformierende Konstellationen aufleuchten" (Sievers und Specker 2021, 170). In zunehmend pluralen Gesellschaften kann diese Kontaktzone nur multiperspektivisch erschlossen werden, und zwar nicht nur im Inter der Theologien, sondern auch im Intra der Theologie, im Zueinander der Historischen, der Systematischen und, weil eben Alltäge gelebt, Spannungen ausbalanciert und transformierende Kontaktzonen gestaltet werden wollen, auch der Praktischen Theologie.

## Literaturverzeichnis

Ağuiçenoğlu, Hüseyin, Jochen Bauer und Sarah Edel. 2023. „Multitheologische Aus- und Fortbildung für den Religionsunterricht für alle in Hamburg." In *Religionslehrer:in im 21. Jahrhundert. Transformationsprozesse in Beruf und theologisch-religionspädagogischer Bildung in Studium, Referendariat und Fortbildung*, hg. von Martin Hailer, Andreas Kubik, Matthias Otte, Mirjam Schambeck, Bernd Schröder und Helmut Schwier. Veröffentlichungen der Wissenschaftlichen Gesellschaft für Theologie, 275–287. Leipzig: EVA.

Bauer, Jochen. 2022. Religionsunterricht für alle 2.0. *Religionspädagogische Beiträge. Journal for Religion in Education* 45, H. 3: 33–43, https://doi.org/10.20377/rpb-238.

Bernhardt, Reinhold. 2019. *Inter-Religio. Das Christentum in Beziehung zu anderen Religionen*. Beiträge zu einer Theologie der Religionen 16. Zürich: TVZ.

Dabrock, Peter. 2001. „Zugehörigkeit und Öffnung. Zum Verhältnis von kultureller Praxis und transpartikularer Geltung." *Glaube und Lernen* 16: 53–65.

Drews, Wolfram und Christian Scholl, Hg. 2016. *Transkulturelle Verflechtungsprozesse in der Vormoderne. Das Mittelalter. Perspektiven mediävistischer Forschung*. Beihefte 3. Berlin und Boston: De Gruyter.

Gärtner, Claudia. 2019. *Religionsunterricht – ein Auslaufmodell? Begründungen und Grundlagen religiöser Bildung in der Schule*. Religionspädagogik in pluraler Gesellschaft 19. Paderborn: Schöningh.

Eckholt, Margit. 2020. „Spirituelle Praktiken und religiöse Narrative. Differenzen gestalten im christlich-muslimischen Dialog im lebendigen Raum des ‚Zwischen'." In *Religiöse Differenzen gestalten. Hermeneutische Grundlagen des christlich-muslimischen Gesprächs*, hg. von Margit Eckholt, Habib El Mallouki und Gregor Etzelmüller, 29–60. Freiburg/Br.: Herder.

Heyden, Katharina. 2022. „Dialogue as a Means of Religious Co-Production: Historical Perspectives." *Religions* 150, https://doi.org/10.3390/rel13020150.

Hohberg, Gregor. 2022. „Das House of One – 3 gelebte Religionen unter einem Dach." *Zeitsprung. Zeitschrift für den Religionsunterricht in Berlin und Brandenburg* 1/2022: 13–15.

Meyer, Karlo. 2019. *Grundlagen interreligiösen Lernens*. Göttingen: Vandenhoeck & Ruprecht.
Moos, Thorsten. 2020. „Öffentliche Diakonie. Ein praxistheoretischer Zugang zum theologischen Problem des Öffentlichen." In *Konzepte und Räume Öffentlicher Theologie. Wissenschaft – Kirche – Diakonie*, hg. von Ulrich H. J. Körtner, Reiner Anselm und Christian Albrecht. Öffentliche Theologie 39, 167–184. Leipzig: EVA.
Nordbruch, Götz. 2022. „‚Konfrontative Religionsbekundung'?! Pädagogische Zugänge zu Konflikten jenseits von religiösem Othering und Alarmismus." In *Islamismusprävention in pädagogischen Handlungsfeldern. Rassismuskritische Perspektiven*, hg. von Caroline Bossong, Dilek Dipçin, Philippe A. Marquardt, Frank Schellenberg und Johannes Drerup, 163–178. Bonn: BPB.
Radosh-Hinder, Silke. 2021. *Konstruierte Gleichheiten. Von interreligiöser Kommunikation zu politischer Freundschaft*. Bielefeld: transkript.
Reckwitz, Andreas. 2003. „Grundelemente einer Theorie sozialer Praktiken. Eine sozialtheoretische Perspektive." *Zeitschrift für Soziologie* 32: 282–301.
Rötting. Martin. 2023. „Gesellschaftliche Perspektiven auf das House of One-Projekt in Berlin. Exemplarische Studien zur Innen- und Außenwahrnehmung." *CIBEDO-Beiträge* 4/2023: 154–161.
Sievers, Mira und Tobias Specker. 2021. „Jenseits von Gemeinsamkeiten und Unterschieden." *Wort und Antwort* 62: 167–173.
Simojoki, Henrik. 2020. „Faktische Beziehungslosigkeit – grundlegende Zusammengehörigkeit. Zur Pluralitätsverarbeitung in Religionspädagogik und Praktischer Theologie." In *Praktische Theologie und Religionspädagogik. Systematische, empirische und thematische Verhältnisbestimmungen*, hg. von Thomas Schlag und Bernd Schröder. Veröffentlichungen der Wissenschaftlichen Gesellschaft für Theologie 60, 103–118. Leipzig: EVA.
Simojoki, Henrik. 2023. „Der unvollendete Perspektivenwechsel. Überlegungen zur Repräsentation von Kindern in der Theologie." In *Theologie und Kinder*, hg. von Rebekka Klein, Katharina Pyschny und Henrik Simojoki. Berliner Theologische Zeitschrift 40, 117–138. Berlin und Boston: Walter de Gruyter.
Simojoki, Henrik und Ulrike Häusler. 2022. „House of One. Religionspädagogische Annäherungen." *Zeitsprung. Zeitschrift für den Religionsunterricht in Berlin und Brandenburg* 1/2022: 16–17.
Sternitzke, Gerhard. 2018. Kein Verbot für christliche Lieder: Kultusministerium äußert sich zu Verzicht an Lüneburger Schule, https://www.az-online.de/uelzen/bienenbuettel/kein-verbot-christliche-lieder-9562338.html (28.05.2024).
Stoellger, Philipp. 2014. „Deutungsmachtanalyse. Zur Einleitung in ein Konzept zwischen Hermeneutik und Diskursanalyse." In *Deutungsmacht. Religion and belief systems in Deutungsmachtkonflikten*, hg. von Philipp Stoellger, 1–85. Tübingen: Mohr Siebeck.
Willems, Joachim. 2011. *Interreligiöse Kompetenz. Theoretische Grundlagen – Konzeptualisierungen – Unterrichtsmethoden*. Wiesbaden: VS Verlag für Sozialwissenschaften.
Willems, Joachim. 2013. „Die Bearbeitung interreligiöser Überschneidungssituationen als Aufgabe eines interreligiös orientierten Religionsunterrichts." In *Interreligiöse Empathie lernen. Impulse für den trialogisch orientierten Religionsunterricht*, hg. von Herbert Stettberger und Max Bernlocher, 115–125. Berlin/Münster: LIT.
Wrogemann, Henning. 2015. *Theologie interreligiöser Beziehungen. Religionstheologische Denkwege, kulturwissenschaftliche Anfragen und ein methodischer Neuansatz*. Gütersloh: Gütersloher Verlagshaus.

R. Daniel Krochmalnik
# Ḥamass und Genozid
Eine intertheologische Betrachtung

Mord beschäftigt die Bibel von Anfang an. Zwar beginnt sie mit der Idylle im Garten Eden Doch das Erste, was sie über den Menschen Jenseits von Eden zu berichten weiß, ist ein Brudermord. Der Mörder Kain hatte übrigens ein religiöses Motiv. Er kommt mit einer vergleichsweise milden Strafe davon, doch die Gewaltspirale dreht sich in der von den Kainiten begründeten urbanen Zivilisation unaufhaltsam weiter (Gen 4,16–24) – bis das Maß voll ist.

Das Wort *Ḥamass* ist das Kürzel der sogenannten „Islamischen Widerstandsbewegung". Auf Arabisch bedeutet das Wort zudem: Eifer – im Gefecht. Das Wort kommt aber auch im Hebräischen vor. Da bedeutet es: unrechtmäßige Gewalt, ein *Isch Ḥamass* ist ein Gewalttäter und *Ḥamassim* sind Gewalttaten. Es ist möglich, dass die Gründer der palästinensischen Terrororganisation mit dem „falschen Freund", wie man so etwas in der Sprachwissenschaft nennt, gespielt haben. Das Wortspiel träfe ins Schwarze: nach innen heiliger Eifer, nach außen brutale Gewalt!

In der Bibel ist *Ḥamass* schuld am Weltuntergang. Im Wochenabschnitt Noach, der zwei Wochen nach dem *Ḥamass*-Massaker in Südisrael in der Leseordnung an die Reihe kam, begründet der Schöpfer die Sintflut damit, dass „voll ist die Erde von Ḥamass" (Gen 6,11–13). ER bereute, den Menschen gemacht zu haben, und versenkte die ganze Schöpfung ins vorzeitliche Tohuwabohu. Leider änderte die Strafe nichts an der Gewaltbereitschaft der Menschen, die nachsintflutlichen Menschen sind nicht weniger gewalttätig als die vorsintflutlichen, wie die Bibel abgeklärt feststellt (Gen 6,5; 8,21). In einem Punkt hat die Erziehung des Menschengeschlechts dennoch einen großen Sprung nach vorne gemacht.

Im Bund mit dem Überlebenden der Sintflut, Noaḥ, steht auf Mord die Todesstrafe (Novak 1983, 169–198). Die Bibel verkündet es in einem bündigen Rechtsspruch: „Wer Menschenblut vergießt, durch Menschen soll sein Blut vergossen werden, denn im Ebenbilde Gottes (*Zelem Elohim*) hat er den Menschen geschaffen" (Gen 9,6). Diese Begründung des Spruchs kann man entweder so verstehen, dass jeder Mord an Gottes Ebenbild auch Gottesmord ist, oder so, dass die Bestrafung des Mörders vor Gericht auch Gottesgericht ist. Zur zweiten Begründung passt, dass das Wort „*Elohim*", welches gewöhnlich „Gott" bedeutet, wie in Exodus 22,7, auch den Richter bezeichnen kann. In jedem Fall aber ist die „noaḥidische" Menschheit eine Rechtsgemeinschaft. Verbrechen wie Mord, Menschenraub, Vergewaltigung bleiben nicht ungeahndet.

Insgesamt zählt die jüdische Tradition sieben *Noaḥidische Gebote* auf (*Schewa Mizwot Bne Noaḥ*): „(Das Gebot der) Rechtspflege, (das Verbot der) Gotteslästerung, des Götzendienstes, der Unzucht, des Mordes, des (Menschen-)Raubs und (des Genusses) eines Gliedes von einem lebenden Tier" (tAwSa 8, bSan 56a–b, BerR 34, 8). Mit Ausnahme des ersten Gebotes, dem der Rechtspflege, sind die anderen Verbote. Den negativen Bestimmungen wohnt eine Weisheit inne, denn sie ziehen nur eine Grenze, die nicht überschritten werden darf, wie sich die positiven Rechtsverhältnisse jedoch ansonsten diesseits dieser Grenze gestalten, lassen sie offen, so dass Raum für eine Vielfalt von noaḥidischen Religionen und Rechtssystemen bleibt.

Im Prinzip gelten diese sieben Menschenpflichten für alle Nachkommen Noaḥs, das sind nach der biblischen Völkertafel (Gen 10) alle Menschen überhaupt. Wer diesen humanen Mindeststandard unterläuft, nicht gelegentlich einmal, sondern grundsätzlich immer, indem er sich zum Beispiel die Lizenz zum Töten herausnimmt, der ist, wie man so sagt, ein Unmensch. Wer hingegen den noaḥidischen Standard beherzigt, der ist nach der jüdischen Tradition ein „Frommer der Völker der Welt" (*Chasside Umot HaOlam*) und ein Kind der Seligkeit. Gewiss, die sieben noaḥidischen Gebote sind ein Minimum, aber vor Gott sind die Noaḥiden mit ihren sieben Geboten den Juden mit ihren 613 Geboten gleichgestellt. Ein mittelalterlicher jüdischer Moralist erklärt das mit dem folgenden Gleichnis: Bei 100 Maß beträgt der Zehnt 10 Maß, bei 10 Maß beträgt er 1 Maß. Wer nun 100 Maß erntet und als Zehnt neuneinhalb Maß abführt, hat weniger geleistet, als der, der 10 Maß einfährt und 1 Maß abführt (6). Die entscheidende Grenze verläuft demzufolge nicht zwischen dem Gottesvolk und den Völkern, sondern zwischen dem Noaḥiden und dem *Isch Ḥamass*, dem Menschen und dem Unmenschen.

Neuzeitliche Rechtslehrer wie John Selden (1584–1665) sahen in diesen noaḥidischen Geboten Vorläufer des modernen Natur- und Völkerrechts – *juxta disciplinam Ebraeorum* (Müller, 1994). Man kann die noaḥidischen Gebote in der Tat als ungeschriebene Vernunftgesetze ansehen, weil ohne sie keine Gesellschaft Bestand hätte. Selbst eine Mörderbande setzt wenigstens für die Bandenmitglieder das Mordverbot voraus. Gäbe es diese Gebote nicht schon, so müsste man sie erfinden, wie der Talmud sagt: „Wären diese Dinge nicht geschrieben, so wäre zu urteilen, dass sie geschrieben werden müssten" (bJom 67b). Die Arche Noaḥs wäre untergegangen, wenn die noaḥidischen Gebote nicht schon an Bord gegolten hätten.

Die Abrahamiten aber sollten und wollten besser sein als die Noaḥiden. Noaḥ hatte sich nur um seine Arche gekümmert, Abraham sollte ein Segen für das ganze Menschengeschlecht sein (Gen 12,3). Anstelle des moralischen Minimalismus überbieten sich die Abrahamiten in maximalistischen Forderungen. Die jüdischen, die christlichen und muslimischen Quellen wetteifern in Überbietungen. In der Bergpredigt überbietet Jesus zum Beispiel das Mordverbot (Ex 20,13):

> Ihr aber habt gehört, dass zu den Alten gesagt ist: ‚Du sollst nicht töten; wer aber tötet, der soll des Gerichts schuldig sein'. Ich aber sage euch: Wer mit seinem Bruder zürnt, der ist des Gerichts schuldig; wer aber zu seinem Bruder sagt: ‚Du Nichtsnutz!', der ist des hohen Rats schuldig; wer aber sagt: ‚Du gottloser Narr!', der ist des höllischen Feuers schuldig (Mat 5,21–22).

Die gleiche Verschärfung des Mordverbots findet sich auch bei den Rabbinen wieder, sie stellen Beleidigung mit Blutvergießen auf die gleiche Stufe. „Wer", sagen sie, „das Gesicht seines Nächsten in der Öffentlichkeit erblassen lässt (*HaMalbin Pne Chawero BaRabim*), es ist, als ob er sein Blut vergossen hätte" (bBMe 58b). Es nützt dem Beleidiger gar nichts, dass er sonst als guter Mann gilt, er verliert seinen „Platz in der zukünftigen Welt" (mAw 3,11).

In jedem Fall aber gilt das Vergießen unschuldigen Blutes (*Schfichut Damim*) als schwerstes, todeswürdiges Verbrechen. Im Traktat *Sanhedrin* des Talmuds, wo die Kapitalstrafen abgehandelt werden, steht der Sermon an die Adresse der Zeugen, deren Aussage in der Halsgerichtsbarkeit ausschlaggebend war. Sie werden an die Überführung Kains erinnert, der offensichtlich den Leichnam seines Bruders verscharrt hatte: „Die Stimme der Blute deines Bruders (*Dme Achicha*) schreien zu mir auf vom Erdboden" (Gen 4,10). Der Sermon kommentiert: „Es heißt nicht- ‚des Blutes deines Bruders', sondern: ‚des mehrfachen Blutes deines Bruders', nämlich sein Blut und das Blut seiner (möglichen) Nachkommen." Wer einen Menschen tötet, der vernichtet zugleich seine ungezeugten Kinder „bis ans Ende der Zeit". Und der Sermon fährt fort:

> Deshalb ist nur ein einziger Mensch in der Welt erschaffen worden, um dich zu lehren, dass wenn einer eine Person vernichtet, es ihm die Schrift anrechnet, als hätte er eine ganze Welt vernichtet und wenn einer eine Person erhält, es ihm die Schrift anrechnet, als hätte er eine ganze Welt erhalten (*HaKol HaMeabed Nefesch Achat ... Kellu Ibed Olam Male*, mSan 4,5).

Der Quran zitiert diese Talmud-Stelle in der 5. Sure *Al Ma'ida* (*Der Tisch*), nachdem auch er an die Erzählung von den beiden Söhnen Adams, *Kabil* und *Habil*, erinnert hat (5,27–31). Das Zitat in Vers 32 lautet:

> Aus diesem Grunde haben Wir den Kindern Israel verordnet, dass wer eine Seele ermordet, ohne dass er einen Mord oder eine Gewalttat im Lande begangen hat, soll sein wie einer, der die ganze Menschheit ermordet hat. Und wer einen am Leben erhält, soll sein als hätte er die ganze Menschheit am Leben erhalten.

Der jüngere Sohn Adams, der zunächst scheinbar die Oberhand hatte (4,8), erklärt nach dem Quran seinen Gewaltverzicht: „Wahrlich, streckst Du auch deine

Hand zu mir aus, um mich totzuschlagen, so strecke ich doch nicht meine Hand zu dir aus, um dich zu erschlagen; siehe ich fürchte Allah, den Herrn der Welten" (28).[1] Das ist ein Echo der Bergpredigt, „daß ihr nicht widerstreben sollt dem Übel" (*me antistenai to ponero*). Was ist aus dieser abrahamitischen Hypermoral geworden?

Nicht erst seit dem 7. Oktober fragt man sich, ob die abrahamische Erziehung des Menschengeschlechts gescheitert ist. Ja, sie scheint die Rückkehr in die vorsintflutliche Gewalt noch zu beschleunigen, denn die Täter verüben ihre Untaten zur größeren Ehre Gottes. Hatte nicht der gottselige Jan Assmann Recht? In seinem Buch *Die Mosaische Unterscheidung oder der Preis des Monotheismus* (2003) schrieb er im Stil des *Kommunistischen Manifests*: „Der Monotheismus erzählt die Geschichte seiner Durchsetzung als eine Geschichte der Gewalt in einer Serie von Massakern." (36) Freilich, dass der Noahidismus, der Abrahamismus, der Mosaismus Mord und Totschlag endgültig beseitigen würden, diese Illusion hegte, wie schon gesagt, selbst Gott nicht mehr (Gen 8,21). Der Kainismus bleibt ein unauslöschliches Mal auf der Stirn des Menschen in allen seinen Entwicklungsstufen. Was man aber nach allen diesen Offenbarungen von Gut und Böse erwarten darf, ist eine Verurteilung der Untaten und ein Schuldbewusstsein der Täter, wie selbst Kain es nach der biblischen Erzählung besaß (Gen 4,13). Die Moderne hat freilich einen gewissenlosen Kain hervorgebracht, der von solchen Zweifeln nicht angekränkelt ist und prominente Anwälte hatte, wie zum Beispiel Lord Byron. In seinem Mysterienspiel *Cain* (Byron 1821) feiert er den ersten Sohn Adams als heroischen Widerstandskämpfer gegen Gott, der seinen aufdringlich frömmelnden Bruder Abel unbeabsichtigt totschlägt. Der Prophet des modernen Kainismus war Nietzsches „Zarathustra". Im zentralen Stück seiner „Bibel" *Also sprach Zarathustra* (1883–1885), das „Von den alten und neuen Tafeln" betitelt ist (III, 1–30), lässt Nietzsche seinen „Zarathustra" Moses und Jesus sein „Ich-aber-sage-euch" entgegenschleudern:

> ‚Du sollst nicht rauben! Du sollst nicht todtschlagen!' – solche Worte hiess man einst heilig; vor ihnen beugte man Knie und Köpfe und zog die Schuhe aus./ Aber ich frage euch: wo gab es je bessere Räuber und Todtschläger in der Welt, als es solche heiligen Worte waren./ Ist in allem Leben selber nicht – Rauben und Todtschlagen? Und dass solche Worte heilig hiessen, wurde damit die Wahrheit selber nicht – todtgeschlagen? (10).

Nietzsches *Zarathustras* vitalistischer Imperativ: „Zerbrecht, zerbrecht mir, oh meine Brüder, diese alten Tafeln der Frommen!" hat die Ideologen des europäi-

---

[1] Das war für den syrischen Quran-Gelehrten Jawdat Said (1931–2022), der mit seinem Werk *The Doctrine of the First Son of Adam* für einen gewaltlosen Islam eintrat, die Schlüsselstelle (1964).

schen Faschismus inspiriert, aber sein Kainismus ist ausgesprochen antireligiös (Krochmalnik 1997, 53–81, 2010, 121–145, 2016, 293–309).

Wie aber kommen religiöse Autoritäten dazu, Aktionen wie die der Ḥamass gutzuheißen? Wir sprechen nicht von irgendwelchen islamistischen Rowdys, wir sprechen von den höchsten Lehrautoritäten des sunnitischen Islam, seinen „Päpsten". So rechtfertigte der Großscheich der Azhar in Kairo, der islamischen Elite-Universität, Muhammad Sayyid Tantawi (1928–2010), der seinerzeit in Deutschland als „Liberaler" gefeiert wurde, die palästinensischen Selbstmordattentate und forderte die Verstärkung dieser Kampfform. Sein Nachfolger Achmed El-Tajeb, ein Absolvent der Sorbonne, rief zum Terror und Horror gegen Zionisten und Juden auf. Der ägyptische Azhar-Absolvent und einflussreiche Fernsehprediger von Al Jazeera, Jussuf Al-Qaradawi (1926–2022), war kein Holocaust-Leugner, wie Tantawi, er war ein Holocaust-Befürworter, er rief die islamische Welt zu einem neuen Holocaust auf. Das ist kein Insiderwissen, jeder kann sich diese Informationen auf Wikipedia beschaffen. Die genozidale Rhetorik in den Universitäten von Gaza vor dem 7. Oktober war also keine theologische Verirrung und wurde meines Wissens von keiner islamischen Autorität innerhalb eines muslimischen Landes verurteilt. Die Antwort liegt auf der Hand. Sieht man von Spitzenstellen wie der Feindesliebe im Evangelium oder den Gewaltverzicht von Abel im Quran ab, dann gilt in den Heiligen Schriften das Mordverbot nur für das unschuldige Blut, schuldiges Blut dagegen kann und soll vergossen werden. Gott schützt Abel, auch, wenn es diesem nichts nützt, und straft Kain, auch wenn es diesem nicht wirklich schadet. Strenggenommen hätte Kain nach dem Talion – Aug um Aug, Zahn um Zahn, Leben um Leben – die Todesstrafe verdient, aber wegen der Langmut Gottes, sagt die Tradition (mAw 5,2), dauerte es zehn Generationen zunehmender Gewalt, bis die kainitische Zivilisation in der Sintflut unterging (Gen 4,16–24). Wer sich selber als Abel und seinen Gegner als Kain sieht, denkt sich Gott auf seiner Seite meint mit Hiob klagen zu können: „Weil keine Gewalttat (Ḥamass) in meinen Händen und mein Gebet lauter war – Erde bedecke nicht mein Blut, und meinem Schrei finde keine Ruhe" (Hi 16,18). Das schuldige Blut von Kain werde mit Fug und Recht vergossen. Es ist bezeichnend, dass das Ḥamass-Massaker unter dem Code-Namen „Sintflut" lief: عملية طوفان الأقصى (Sura Hud XI 40–48; Katīr 2013, 65–94).[2]

Das Schulbeispiel einer solchen Kainisierung ist der christliche Antijudaismus. Christen beschuldigten das jüdische Volk des Deizids, sie hätten Jesus ermordet und die Erbschuld dafür auf sich genommen: „Sein Blut komme über uns und

---

[2] Die ausführlichste Wiedergabe der Sintflut-Geschichte findet sich in der Sura Hud XI: 40–48. Natürlich gibt es dazu einen reichhaltigen nach-quranischen Legendenstoff, der in Imām ibn Katīrs (1300–1373) Qissass al-Anbiya gesammelt ist (Katīr 2013, 65–94).

unsere Kinder!" (Mat 27,25; Kampling 1984). Die mittelalterlichen Hostienschändungs- und Ritualmordvorwürfe waren Variationen zum Thema Deizid,[3] die noch bis in unsere Zeit blutige Ausschreitungen rechtfertigten. Viele antijüdische Maßnahmen waren direkt vom biblischen Kain-Typus inspiriert, so das Kainsmal des gelben Flecks und die Kainsstrafe der Vertreibung, „unstet und flüchtig" sollte der Ewige Jude wandern (Gen 4,12). Die Nationalsozialisten haben die christlichen Legenden nicht mehr ernstgenommen, doch die Vorstellung vom vererbten, verderbten Blut haben sie übernommen („Was er glaubt ist einerlei, im Blute liegt die Schweinerei"). Angesichts des Holocaust hat sich die katholische Kirche endlich zu einer Verurteilung des Antijudaismus durchgerungen und auf dem II. Vatikanischen Konzil verbindlich erklärt:

> Obgleich die jüdischen Obrigkeiten mit ihren Anhängern auf den Tod Christi gedrungen haben, kann man dennoch die Ereignisse seines Leidens weder allen damals lebenden Juden ohne Unterschied, noch den heutigen Juden zur Last legen (Nostra Aetate 4).

Der Papst, der das Konzil angestoßen hat, soll kurz vor seinem Tod das folgende Bußgebet verfasst haben:

> Wir erkennen heute, daß viele Jahrhunderte der Blindheit unsere Augen verhüllt haben, so daß wir die Schönheit Deines auserwählten Volkes nicht mehr sehen und in seinem Gesicht nicht mehr die Züge unseres erstgeborenen Bruders wiedererkennen. Wir erkennen, daß ein Kainsmal auf unserer Stirn steht. Im Laufe der Jahrhunderte hat unser Bruder Abel in dem Blute gelegen, das wir vergossen, und er hat Tränen geweint, die wir verursacht haben, weil wir Deine Liebe vergaßen. Vergib uns den Fluch, den wir zu Unrecht an den Namen der Juden hefteten. Vergib uns, daß wir Dich in ihrem Fleische zum zweiten Mal ans Kreuz schlugen. Denn wir wussten nicht, was wir taten (Papst Johannes XXIII. 1963).

Diese Umkehrung der Kain-Abel-Typologie ist bemerkenswert, man kann sich demnach für einen Abel halten und ein Kain sein. In der Folge des Konzils und weiterer Schuldbekenntnisse der Evangelischen Kirchen Deutschlands begann die Kirche ihre antijüdischen Traditionsbestände zu säubern, zum Beispiel die Verehrung von angeblichen Opfern jüdischer Ritualmorde, von judenfeindlichen Passionsspielen, von Schmähdarstellungen in Kirchen, von supersessionistischen Exegesen und Theologien. Der Christlich-Jüdische Dialog blühte auf und trug Früchte in allen einschlägigen Wissenszweigen: den Exegesen des AT und NT, in der Judaistik und den Jüdischen Studien, in den Religions- und Kirchengeschichten, in den Theologien und schließlich auch in der Intertheologie der Monotheisten. Ein Herzstück des Christlich-Jüdischen Dialogs war der akademische Austausch mit Israel – dem

---

[3] Das christliche Blut sollte den jüdischen Blutverlust kompensieren, die männliche Juden wegen der Selbstverfluchung periodisch erlitten (Jütte 2016, 282–287).

Land, seiner Sprache, seiner Wissenschaft. Die Beteiligten hielten den Versöhnungsprozess für endgültig und unumkehrbar und einen Rückfall in den Antijudaismus für undenkbar – bis zum 7. Oktober.

An einen Deizid haben Muslime freilich nie geglaubt, seit dem 7. Oktober erheben viele von ihnen jedoch eine andere Mordanklage gegen Israel: „Genozid" – an den Palästinensern im Gaza-Streifen. Diese Parole hat weltweit gezündet, die antiisraelischen Proteste sind an den besten Universitäten der westlichen Welt aufgeflammt. Eine neue Studentenbewegung marschiert mit Kufija unter den Farben Palästinas, sie schmettert *Genocide*- und *Apartheid*-Vorwürfe an die Adresse Israels und fordert einen Israel-Boykott. Um die Meinungsfreiheit besorgte Dozenten verteidigen die Proteste und um den Hausfrieden besorgte Universitätsleitungen verhandeln voller Mitgefühl mit den Protestierenden. Jüdische Studenten und Dozenten dagegen, die nicht lautstark in die *Genocide*-Chöre einstimmen, die sich gar als Zionisten outen, werden als „*Pro-Genocide*" beschimpft und, Meinungsfreiheit hin oder her, mundtot gemacht.

Eine kurze Geschichte des Begriffs Genozid tut Not. Es handelt sich um eine Wortschöpfung des polnischen Juristen Raphael Lemkin (1900–1959). Damit wollte er in seinem Standardwerk *Axis Rule in Occupied Europe* (1944) die völkermörderische Biopolitik des Dritten Reichs auf den Begriff bringen. Sein Neologismus fand Eingang in die Anklageschrift des Nürnberger Kriegsverbrechertribunals. Dort lautet seine angewandte Definition:

> Sie verübten vorsätzlichen und systematischen Massenmord, d. h. sie rotteten Gruppen einer bestimmten Rasse oder Nationalität unter der Zivilbevölkerung gewisser besetzter Gebiete aus, um bestimmte Rassen, Volksklassen oder religiöse Gruppen, insbesondere Juden, Polen, Zigeuner usw. zu vernichten.

Die Juden kommen hier nicht etwa deshalb an erster Stelle, weil Lemkin selber polnischer Jude war und auf der Flucht vor den Mördern mit zentnerschwerem Gepäck voller Beweismittel dreiviertel der Erdkugel überquerte. Die Spitzenstellung der Juden ergibt sich aus der Tatsache, dass die „Endlösung der Judenfrage" an Vorsätzlichkeit und Systematik in der Geschichte der Völkermorde nicht ihresgleichen hat, es war bisher der perfekte Völkermord. Wer Lust auf eine anregende Lektüre über den Mann und sein Wort hat, der lese Philippe Sands Bestseller *Rückkehr nach Lemberg* ([2019] 2021, 199–266).

Nun also sitzt das Volk der Überlebenden und Nachkommen dieses Genozids ohnegleichen auf der Anklagebank des Weltgerichts (IStGH) – wegen angeblichen Genozids! Sogar der juristische Laie erkennt auf den ersten Blick, dass kein Definitionsmerkmal von Lemkins Begriff auf den Verteidigungskrieg Israels in Gaza zutrifft. Ein einfacher Zahlenvergleich beweist das Gegenteil. Vor dem 7. Oktober lebten rund 2,2 Millionen Palästinenser im Gazastreifen, heute leben dort immer noch rund 2,2 Millionen Palästinenser, an deren Versorgung die ganze Welt beteiligt ist – minus schätzungsweise 30 000 Tote, die Hälfte davon bewaffnete Kämpfer, die andere Hälfte unbeabsichtigte zivile Opfer, wie leider in jedem Krieg. Ein weiterer Zahlenvergleich lehrt, was ein Genozid ist. In Polen lebten vor dem Zweiten Weltkrieg drei Millionen Juden, davon haben 30 000 den Völkermord überlebt. Manche wollen den Mord-Vorwurf gegen Israel dennoch aufrechterhalten, sie zählen die zerstörten Häuser in Gaza und sprechen von einem „Urbizid", in der Widerlegung des von ihnen erhobenen Genozid-Vorwurfs sehen sie einen „Scholastizid" etc., Hauptsache, es bleibt etwas vom Verb *occidere*, „töten", an Israel kleben.

Wohl aber treffen die Merkmale der Genozid-Definition auf das Ḥamass-Massaker zu, das den Krieg in Gaza auslöste. An ihrem genozidalen Vorsatz hat die Terror-Organisation Ḥamass nie einen Zweifel gelassen, er steht schwarz auf weiß in ihrer Charta. Ihr offizieller Sprecher, der Tierarzt Gazih Hamad, der Israel auch schon als „Tierstaat" bezeichnet hat, versprach nach dem Ḥamass-Massaker im libanesischen Fernsehen: „wir werden es wieder und wieder tun, am 7. Oktober, am 10. Oktober, am millionsten Oktober." Für die islamistischen Hintermänner der Ḥamass in Teheran ist die Vernichtung Israels Verfassungsgebot und Staatsziel. Der Revolutionsführer Ali Khamenei wiederholt dieses *Ceterum Censeo* in jeder Predigt: Israel ist zu zerstören! Warum also sitzen nicht die bekennenden Genozidäre auf der Anklagebank des Weltgerichts? Es ist im Übrigen ganz gleich, was der Internationale Gerichtshof in dieser Sache entscheidet; für die propalästinensischen Aktivisten ist es schon vorentschieden: Israel begehe einen Genozid, Israel und Genozid werden geradezu synonym verwendet. Wer die Genozid-Lüge bezweifelt, wird als „Zionist" beschimpft.

Warum findet die Genozid-Lüge so viel Gehör? Die diversen politischen Akteure ziehen daraus vielfältigen Nutzen. Das Interesse der Akteure des 7. Oktobers ist klar, sie wollen ihr genozidales Massaker rückwirkend als legitime Reaktion auf eine israelische Aggression ausgeben. Die Schuldumkehr gehört zum Standardrepertoire der antisemitischen Unlogik, nach dem Motto „An allem sind die Juden schuld" – vor allem an ihrer Ermordung! Genozidäre aller Länder vereinigen sich hinter den Akteuren des genozidalen Massakers. Ihnen dient Israel als Sündenbock, auf dem sie ihre eigenen Genozide entsorgen. Israel spielt heute die gleiche Rolle unter den Staaten, wie die Juden unter den Völkern. Zu Völkermordleugnern wie der Türkei gesellen sich nun auch angelsächsische Staaten mit kolonialer Vergangenheit. Die Nachkommen der Kolonialherren haben wegen der Ausrottung der Urbevölkerungen ein schrecklich schlechtes Gewissen und wollen sich auf Kosten Israels als lupenreine Postkolonialisten profilieren, indem sie den einzigartig liberalen, toleranten, demokratischen, pluralistischen, multiethnischen, multireligiösen, erfolgreichen Judenstaat im Nahen Osten eben jener kolonialen Verbrechen verdächtigen, deren sich ihre eigenen Vorfahren schuldig gemacht haben. In den Augen vieler Studenten ihrer Elite-Universitäten war der 7. Oktober eine gerechtfertigte antikolonialistische Befreiungstat und die maskierten Massenmörder des Ḥamass-Massakers sehen sie als eine Art Indianerstamm mit Kriegsbemalung, dem ihre Sympathie zufliegt. Die Vereinten Nationen haben von langer Hand den Boden für die Kriminalisierung Israels als rassistischen *Apartheid*-Staat bereitet. Ihre Organe haben das kleine Israel öfter verurteilt als alle großen Schurkenstaaten zusammen. Mit der Anlastung eines Verbrechens, über das hinaus ein größeres nicht gedacht werden kann, wird Israel wieder zum *hostis humani generis* erklärt, zum Weltfeind Nr. 1. Die Genozid-Lüge ist eine Vorwärtsrechtfertigung für die Endlösung der Israelfrage, die wirtschaftliche, wissenschaftliche, kulturelle Asphyxie des Judenstaates. Damit würde die Heimat der Überlebenden des Genozids in Europa selber dem Genozid preisgegeben. Die Mullahs im Iran frohlocken schon, dass ihre Vision einer „Welt ohne Zionismus" bald in Erfüllung gehen werde, dass der Wunsch Imam Khomeinis, Israel „be wiped off the map" auch in Europa und Amerika angenommen wird, dass schließlich alle Welt mit ihnen einstimmt: „Tod Israel!" (*Marg bar Isrāyīl*). Natürlich gibt es für die Genozid-Lüge auch viele niederträchtige wahltaktische Beweggründe. Damit ködert z. B. die westeuropäische Linke die muslimischen Einwanderer, um das nach rechts abgewanderte einheimische Proletariat zu ersetzen.

Und Deutschland, das Land der Gedenkstätten, -tafeln und -steine? Die akademischen, intellektuellen, journalistischen Unterstützer der propalästinensischen Proteste fürchten hierzulande offenbar nicht, in alte antisemitische Vorurteile und Verhaltensmuster zurückzufallen, sie wollen keine Parallele zwischen dem „Judenboykott" 1933 und dem geforderten Israelboykott 2023 erkennen. Fühlen sich die Protestierenden doch als Anti-Rassisten, Nazi-Gegner und Verteidiger der Unterdrückten; die Rassisten, die Nazis, die Völkermörder, die Massenmörder, die Frauenmörder, Kindermörder, das sind in ihren Augen vielmehr die Israelis. Schon die Studentenbewegung der Väter- und Müttergeneration glaubte sich wegen ihres militanten Antifaschismus über den Antisemitismus erhaben. Ging sie nicht bei jüdischen Emigranten wie Max Horkheimer und Theodor W. Adorno, Herbert Marcuse und Wilhelm Reich, Hanna Arendt und Günther Anders in die Schule? Doch die linken Gruppen importierten gleichzeitig den sowjetischen „Antizionismus", der im Ostblock als Vorwand und Deckmantel des Antisemitismus diente. Die *Revolutionären Zellen* sprachen schon in den 70er Jahren vom „faschistischen Genozid am palästinensischen Volk" und vom „Holocaust an den Palästinensern". Und schließlich glaubten auch die nationalsozialistischen Großväter und Großmütter sehr gute Gründe für die Vernichtung der Juden zu haben, sie waren fest davon überzeugt, dass sie damit einem Genozid am deutschen Volk durch das Internationale Judentum zuvorkommen würden. Hier entfaltet die Genozid-Lüge ihre tiefste gesellschaftspolitische Wirkung. Nachdem sich die Deutschen seit drei Generationen Vorwürfe wegen des Holocaust anhören mussten, verschafft das Genozid-Geschrei gegen Israel eine befreiende Abreaktion. Es bedarf nicht mehr der Auschwitz-Lüge, um die Vergangenheitsbewältigung zu „canceln", endlich müssen deutsche Lehrer mit ihren oft mehrheitlich türkisch- und arabischstämmigen Schülern nicht mehr das Tagebuch der Anne Frank lesen und KZ-Gedenkstätten besuchen.

Wie kann in so einer Lage die Intertheologie helfen. Der Rekurs auf das gemeinsame 5. Gebot (nach nichtjüdischer Zählung) schlägt jedenfalls nicht an, denn Kain verdient die Todesstrafe. Wird daher ein unschuldiger Abel als Kain gebrandmarkt, so erscheint er nicht nur als Menschen-, sondern obendrein als Gottesfeind, dem die ewigen Höllenstrafen gebühren. Es sind denn auch hochgebildete islamische Geistliche, die den Gläubigen das *Marg-bar-Isrāyīl*-Mantra vorbeten. Sie empfinden diese Genozid-Aufrufe keineswegs als Entweihung des göttlichen Namens, vielmehr tragen sie dabei ein geradezu krankhaft gutes Gewissen zur Schau. Noch weniger hilft in dieser Lage natürlich die Predigt der Feindesliebe und des Gewaltverzichts, wie sie in manchen päpstlichen Verlautbarungen nach dem 7. Oktober zu hören war. Das ist weltfremder Angelismus, der allenfalls das Gewissen des Predigers beruhigt, aber die Opfer wehrlos zurücklässt. Nicht immer neigte die katholische Kirche zu diesem primitiven Pazifismus, fünfzehnhundert Jahre verteidigte sie die Lehre des *bellum iustum*.

Die Frage muss vielmehr lauten, was gegen die Kainisierung und Dämonisierung des Feindes verschlägt, wie man die Weisheit der Liebe: „*denn er ist wie du*" (Lev 19,18; 33) wiederfinden kann. Der französische Literaturwissenschaftler und Kulturanthropologe René Girard hat die Schuldprojektion auf einen Sündenbock als Konstante aller Mythen und Riten entschlüsselt ([1982] 1988).[4] Die Bibel aber, so meinte er, habe nicht nur die Bezeichnung und Beschreibung des Sündenbockrituals geliefert (Lev 16), in der Passion des Gottesknechts Jesaja (Jes 53) und natürlich auch in der Passion Jesu (Joh 11,47–53) durchschaue und überwinde sie diesen Projektionsmechanismus und die Unschuldskomödie (Girard 2002; Krochmalnik 2003, 35–44). Das Evangelium bestehe genaugenommen darin, dass der menschliche Sündenbock sich als auferstandener Gott entpuppe. Das Christentum mache nicht wie die Mythen gemeinsame Sache mit den Tätern bei der Dämonisierung des stellvertretenden Opfers, es stelle sich wie schon die Bibel in der Erzählung des ersten Brudermordes, wie die Propheten und die Psalmen auf die Seite der verleumdeten Opfer.

---

4 Dieses Buch beginnt nicht zufällig mit einer mittelalterlichen antisemitischen Dichtung.

Was aber in einer Zeit, in der auf dem Berliner Alexanderplatz in aller Öffentlichkeit zur Vernichtung Israels aufgerufen wird, in der die Blutpfeile und Bluthände der Ḥamass an den Mahnmalen für die sechs Millionen ermordeter Juden erscheinen und an den Wänden der Humboldt-Universität geduldet werden, in einer Zeit, in der es schick geworden ist, mit der Kufja in die Vorlesung zu kommen, in der aber der Kippa-Träger fürchten muss, zusammengeschlagen zu werden, was in so einer Zeit der Berliner Intertheologie am meisten Not tut, das ist eine Theologie des Volkes und Landes Israel, einer Israellogie. Das Gelobte Land ist, wenn nicht das A, so doch das O der Bibel. Genaugenommen endet die Hebräische Bibel mit dem sogenannten Kyrus-Edikt (539 v. Chr.), d. i. die Einladung des persischen Großkönigs, jeder Jude möge aus dem babylonischen Exil heimkehren, „nach Jerusalem in Juda" (II Chr 36,23; Esr 1,3). Ja, der persische Großkönig, den der Prophet Jesaja sogar „Messias", „Gesalbter des HERRN" nennt (Jes 45,1), hat das letzte Wort in der Hebräischen Bibel und, es ist ein „zionistischer" Aufruf: „Er ziehe hinauf" (WaJa'al). Das daraus abgeleitete Wort Alija bedeutet: „Einwanderung eines Juden nach Israel". Ist es vorstellbar, dass ein Abrahamite die Landverheißung an Abraham, Isaak und Jakob/Israel ignoriert (Gen 12,7; Gen 26,3, 28,13)? Eine Verheißung, die der Quran an vielen Stellen bestätigt, so in der bereits öfter erwähnten letzten offenbarten Sure 5: „O Volk, betritt das Heilige Land (Al-Ard Al-Muqaddassa), das Allah euch bestimmte ..." (Ver 21 ff.). Man kann noch viele ähnliche Stellen des Siegels der Prophetie anführen (7:137; 10:93; 17:104; 21:71; 26:59). Wie können also gläubige Muslime es wagen, den Ehrennamen „Zion" in einen Ekelnamen zu verwandeln, so wie die Nationalsozialisten es mit dem Ehrennamen „Jude" (= Gottlob) taten. Die abrahamischen Trialog-Partner in diesem unserem Lande sind vielmehr aufgerufen, dagegen gemeinsam ein Zeichen zu setzen. Für das Land Israel hoffen wir mit dem Propheten auf eine Zeit in der gilt: „Nicht soll ferner gehört werden Ḥamass, Gewalttat, in deinem Lande" (Jes 60,18).

## Literaturverzeichnis

Assmann, Jan. 2003. *Die Mosaische Unterscheidung oder der Preis des Monotheismus*. München: Carl Hanser.
Girard, René. 1988. *Le Bouc émissaire*. Zürich: Benzinger.
Girard, René. 2002. *Ich sah den Satan vom Himmel fallen wie einen Blitz. Eine kritische Apologie des Christentums. Mit einem Nachwort von Peter Sloterdijk*. München: Hanser.
Jütte, Robert. 2016. *Leib und Leben im Judentum*. Berlin: Jüdischer Verlag im Suhrkamp Verlag.
Kampling, Rainer. 1984. *Das Blut Christi und die Juden: Mt 27,25 bei den lateinischsprachigen christlichen Autoren bis zu Leo dem Großen*. Neutestamentliche Abhandlungen 16. Münster: Aschendorff.
Ibn Kaṯīr. 2013. *Die Geschichten der Propheten*. Aus dem Arabischen übertragen von Adel Saleh Ali und Lamyaa Ziko. Düsseldorf: IB Verlag islamische Bibliothek.

Krochmalnik, Daniel. 1997. „Neue Tafeln. Nietzsche und die jüdische Counter-History." In *Jüdischer Nietzscheanismus, Monographien und Texte zur Nietzsche-Forschung (MTNF)*, hg. v. Daniel Krochmalnik und Werner Stegmaier, Bd. 36, 53–81. Berlin: Walter de Gruyter.

Krochmalnik, Daniel. 2003. *Die Bücher Levitikus, Numeri, Deuteronomium im Judentum*. Neuer Stuttgarter Kommentar/Altes Testament 33/5. Stuttgart: Katholisches Bibelwerk.

Krochmalnik, Daniel. 2010. „Um den Sinai. Der Jüdische Nietzscheanismus in religionsgeschichtlicher Perspektive." In *Nietzsche und die Tiefenpsychologie*. Seele, Existenz und Leben, hg. v. Roman Lesmeister und Elke Metzner, Bd. 16, 121–145. Freiburg im Breisgau: Alber.

Krochmalnik, Daniel. 2016. „Triskaidekalog." In *Zur Philosophie der Orientierung*, hg. v. Andrea Bertino et al., 293–309. Berlin/Boston: Walter de Gruyter.

Lord Byron, George Gordon. 1821. *Cain. A Mystery*. London: Crofts.

Müller, Klaus. 1994. *Tora für die Völker. Die noahidischen Gebote und Ansätze zu ihrer Rezeption im Christentum*. Berlin: Institut für Kirche und Judentum.

Novak, David. 1983. *The image of the Non-Jew in Judaism. An Historical and Constructive Study of the Noaḥide Laws*. Toronto Studies in Theology 14. New York, Toronto: E. Mellen Press.

Papst Johannes XXIII. 1963. *Bußgebet Wir erkennen …* http://www.panixx.de/johannesxxiii/seite_008.htm (12.07.2024).

Said, Jawdat. 1964. *The Doctrine of the First Son of Adam*.

Sands, Philippe. 2021. *Rückkehr nach Lemberg*. Frankfurt am Main: Fischer Taschenbuch Verlag.

Tobias Specker SJ
# Mit dem Wildesel in die Heilsgeschichte?
Überlegungen zur intertheologischen Tragfähigkeit des Motivs der „Söhne Ismails"

Ein zentrales Anliegen der sich entwickelnden „Intertheologie" ist die Suche nach angemessenen theologischen Begriffen, Vorstellungen und Metaphern, die zum Ausdruck bringen, welche systematische Bedeutung die historische Verflechtung der Glaubenstraditionen hat (vgl. Sievers und Specker 2021). Wie kann die in textuellen Traditionen, in materialen Objekten, in Praktiken und sozialen Konstellationen manifeste „histoire croisée" angemessen in der jeweiligen theologischen Tradition reflektiert werden? Dabei geht es nicht nur um Neuerfindung von theologischen Begriffen, sondern auch um Aufdeckung und Reinterpretation des intertheologischen Potentials von Motiven und Theologumena der Tradition. Zumindest implizit, so die grundlegende Annahme, ist das „Inter", das „Zwischen den Religionen", immer schon Thema gewesen.

Ein Motiv, das bereits sehr früh von christlichen Theologen zur Deutung des Islam verwendet wird, ist die Rede von den „Söhnen Ismails". Diese bereits vorislamisch etablierte Bezeichnung arabischer Stämme (vgl. Hainthaler 2007, 15–18) wird in frühen christlichen Texten aufgegriffen und auf die Angehörigen der islamischen Religion angewendet.[1] Die Bezeichnung markiert dabei Nähe und Distanz zugleich: Zum einen werden die neuen Gläubigen als Erfüllung der biblischen Aussagen über Ismail (v. a. Gen 16,1–16, Gen 17,18–20, Gen 21,9–21 und Gen 25,12–18) gedeutet und so in die biblische Abrahamgenealogie eingeordnet. Zum anderen ist bereits die vorislamische Verwendung des Motives abgrenzend und abwertend konnotiert. Die Integration in die biblische Genealogie dient deshalb auch der apologetischen Disqualifikation: Gelesen vor dem paulinischen Hintergrund von Gal 4,21–31 soll die Bezeichnung als „Söhne Ismails" die Muslime als „Kinder des Gesetzes", als Verstoßene aus dem Haus Abrahams und als Aktualisierung der (unterstellten) brüderlichen Feindschaft zwischen Isaak und Ismail abgrenzend charakterisieren. Über diese vorherrschend polemische Verwendung gibt es jedoch auch eine minoritäre, positive heilsgeschichtliche Lesart, die Juden

---

[1] Z.B. in Kap. XI–XIII der auf syrisch verfassten, aber später in Byzanz und auch im lateinischen Westen weit verbreiteten Apokalypse des Pseudo Methodius (ca. 680) oder in der ostsyrischen „Disputation between a Monk of Bet Hale and a Muslim Notable" (Anfang 8. Jh.).

und Muslime als Nachkommen Isaaks und Ismails differenziert zusammenhält.² Der vorliegende Beitrag möchte diese Lesart der „Söhne Ismails" vertiefen und in den gegenwärtigen Kontext führen. Er möchte damit zeigen, inwiefern die Konstellation von Hagar und Ismail eine systematische Reflexionsfigur darstellen kann, die ein Potential zu einer christlich situierten Intertheologie besitzt. Hierzu sollen in einem ersten Schritt die Entwürfe des libanesisch-maronitischen Theologen Michel Hayek (1928–2005) und des evangelischen Systematikers Berthold Klappert (geb. 1939) nachgezeichnet werden. In der Argumentation des vorliegenden Beitrags zeigen die beiden Positionen eine gewisse Fortentwicklung der Rede der „Söhne Ismails" an und ergänzen sich systematisch: Während Hayek vor dem Hintergrund des vertieften christlich-islamischen Dialogs im Umfeld des II. Vatikanischen Konzils spricht, erweitert Klappert seine jahrzehntelange Verankerung im christlich-jüdischen Dialog in Deutschland auf das christlich-islamische Gespräch. Für eine echte intertheologische Reflexionsfigur braucht es jedoch nicht nur eine innerchristliche Anerkennung der Verflechtung der Traditionen, sondern auch eine Verortung dieses Theologumenons in der anderen Religion. Deshalb soll in einem zweiten Schritt der Blick auf die Figur Ismails im Koran geworfen und untersucht werden, inwiefern die christliche Deutung eine koranische Resonanz findet.

# 1 Ismail – eine liminale Figur

## 1.1 Das Geheimnis Ismails – Michel Hayek

Kurz bevor die katholische Kirche in der Erklärung „Nostra Aetate" ihr Verhältnis zu den nichtchristlichen Religionen neu bestimmt, erscheint im Jahr 1964 das Buch „Le mystère d'Ismael" des maronitischen Priesters Michel Hayek, der am Institut Catholique de Paris „islamische Zivilisation" lehrt. Es wird keine zweite Auflage erfahren³ und bleibt zumindest außerhalb des frankophonen libanesischen Kontextes wenig rezipiert. Und auch der Autor, der 1928 in Byblos geboren wurde und nach seiner Rückkehr aus Paris 2005 im Libanon verstarb,⁴ steht hinter den einflussreichen frankophonen Islamtheologen wie Louis Massignon oder Georges

---

2 Zu denken ist an die frühe (ca. 670) armenische „Geschichte des Pseudo-Sebeos" sowie an die „Chronik von Huzistan" (ca. 660). Zu beiden Linien vgl. ausführlich Jakob (2021).
3 Allerdings reicht Hayek 1971 an der Universität Paris III eine von Jacque Berque betreute Dissertation mit dem Titel „Ismaël ou le Destin de l'Islam" im Fach Religionssoziologie ein.
4 Einen Überblick über Hayeks Biographie und seine Werke gibt Rita Faraj (vgl. Faraj 2020, 106–108 und 119–131).

Anawati in der zweiten Reihe. Doch vielleicht nicht ganz zu Recht, hält ihn doch die libanesische Theologin Rita Faraj für „one of the most influential religious scholars in contemporary Arab Christian theology" (Faraj 2020, 105). Anders als sein Lehrer Louis Massignon und dessen ebenfalls libanesischer Schüler, der maronitische Priester Youakim Moubarac (1924–1995), bleibt Hayek gegenüber einer Inklusion des Islam durch die unmittelbare Rückführung auf Abraham und einer Zusammenfassung der drei Religionen unter dem Oberbegriff des Abrahamischen skeptisch, da sie ihm zu sehr die Differenzen verwischen (vgl. Hayek 1964, 23–28). Zugleich lehnt er den Ausschluss des Islam aus der biblischen heilsgeschichtlichen Perspektive ab und ist sich bewusst, wie sehr der ernsthafte Anspruch des islamischen Glaubens in der polemischen Abgrenzung durch die christliche Theologie missachtet wurde (vgl. Hayek 1964, 218–222). Deshalb möchte er, wie der Titel des Buches sagt, die Figur Ismails zur Deutung des Islam neu in den Blick bringen, ohne seine polemische Verwendung fortzuschreiben. Er will, wie er sagt, „den Fall Sara gegen Hagar neu aufrollen" (Hayek 1964, 220). Hayeks Argumentation ist vielschichtig, doch kann ihr Grundgerüst in folgenden Aspekten nachvollzogen werden:

Erstens vertritt Hayek einen historischen Anspruch: Für ihn sind die biblischen Figuren historische Realität und die Orte der Hagar/Ismail-Erzählung topographisch identifizierbar (vgl. Hayek 1964, 211–212). Er geht deshalb von einer geschichtlichen Identität der biblisch erwähnten Nachkommen Ismails mit arabischen Stämmen aus, nimmt eine historische Kontinuität in kulturellen, sozialen und religiösen Lebensformen bis zu dem Entstehen des Islam an[5] und sieht bei den frühen Muslimen sowohl ursprünglich semitische Sprachformen wie einen außerbiblischen Monotheismus bewahrt (vgl. Hayek 1964, 209–217 und 228). Hayek betrachtet den Islam so als historischen Erben der Nachkommenschaft Ismails.[6]

Bedeutender als diese postulierte historische Kontinuität ist jedoch zweitens die Bedeutung der Figur Ismails für das spezifische Profil des islamischen Glaubens.[7] In Hayeks Koranlektüre ist Ismail die Schlüsselfigur, durch die der Islam seinen eigenständigen Zugang zu Abraham gewinnt. Für Hayek wird Abraham erst durch die Figur Ismails mit der arabischen Tradition sowie der Kaaba verbunden: Durch Ismail wird Mekka zur zentralen und abrahamisch gedeuteten Kultstätte. Durch ihn emanzipiert sich der Islam vom jüdisch-christlichen Kontext. Hayek kehrt also die chronologische Genealogie theologisch um: Islamischer-

---

5 Deshalb gibt es für ihn eine „fleischliche Verbindung (des liens charnels)" (Hayek 1964, 218) zwischen Abraham und den Arabern.
6 Der Islam „réactualise Ismaël dont il prolonge la race et hérite le patrimoine" (Hayek 1964, 35).
7 Das zentrale Anliegen Hayeks (1964, 220–222) ist der Aufweis des Islam als spirituelle Nachkommenschaft Ismails.

seits gewinnt Abraham seine Bedeutung durch Ismail und nicht umgekehrt. Ohne Ismail, so Hayek, wäre Abraham nur einer unter vielen Propheten geblieben (vgl. Hayek 1964, 35 und 201–207).[8]

Diese religionskonstituierende Bedeutung Ismails füllt Hayek inhaltlich, indem er die traditionellen christlichen Topoi in der Deutung Ismails positiv wendet (vgl. Hayek 1964, 222–237): So ist für ihn der „ismailitische Islam" tatsächlich „Sohn der Magd", indem das Diener-Gottes-Sein die zentrale anthropologische Bestimmung und die Anbetung Gottes der spirituelle Kern des Islam ist (vgl. Hayek 1964, 233–235). Sodann ist der „ismailitische Islam" tatsächlich „Sohn des Fleisches", indem er die natürliche Fähigkeit zur Gotteserkenntnis eines jeden Menschen realisiert. Er steht in den Augen Hayeks mithin in gleicher Weise für einen ursprünglichen unverfälschten Monotheismus wie für seine unaufgebbare Universalität (vgl. Hayek 1964, 207–208, 221 und 225 sowie Aoun 2005, 23 und 30–31). Schließlich ist der „ismailitische Islam" sogar in positivem Sinn „Sohn der Verstoßenen". Der Islam hat in den Augen Hayeks eine besondere Sensibilität für das Unrecht der Ausgrenzung und protestiert konstitutiv gegen jeden jüdisch-christlichen Exklusivismus (vgl. Hayek 1964, 248–252 und Aoun, 2005, 30–32). Hayek sieht in der christlich-islamischen Konfliktgeschichte den kritischen Aufruf an das Christentum, in seiner Lehre wie in der Praxis überzeugender zu sein. Wiederholt hebt Hayek hervor, dass in seiner Lesart des Koran die Negationen des christlichen Glaubens nur bedingt und relativ sind und auf eine bessere Darlegung zentraler Lehren und vor allem auf eine Praxis der Liebe warten, die bis zur Selbsthingabe bereit ist, sich dem Anderen auszusetzen (vgl. Hayek 1964, 242, 248, 251–252 und Aoun 2005, 39). Man kann hinter dieser Auffassung Hayeks zum einen die Tradition apologetischer Islamdeutungen erkennen, die im Islam auch ein Gericht über die Kirche sehen,[9] zum anderen eine Theologie des Leidens, die möglicherweise durch seinen Lehrer Massignon inspiriert ist und die wechselseitig gilt. So erwartet Hayek in einer stark christianisierenden Deutung auch vom Islam eine erlösende Annahme des Leidens (vgl. Hayek 1964, 220 und 225–228 sowie Faraj 2020, 130): Hagars Verzweiflung in der Wüste steht für die Hoffnung, Gott im Leiden als Retter zu begegnen.[10]

Die Figur Ismails dient Hayek drittens zur religionstheologischen Einordnung des Islam in die christliche Heilsgeschichte. Hayek deutet die Figur Ismails als eine Figur auf der Grenze aus: Weder gehört sie einfachhin zu den (heidnischen) Völkern noch ist sie Teil der Geschichte Israels. Einerseits steht sie in Verbindung zu Abraham, anderseits verbleibt sie für Hayek außerhalb der Bundes- und Heilsgeschichte,

---

[8] „Abraham doit sa notoriété musulmane à son fils Ismael." (Aoun 2005, 21 und 22).
[9] *Dīn* bedeutet sowohl Religion als auch Gericht (vgl. Hayek 1964, 247).
[10] Faraj (2020, 129) spricht von „the idea of Islam as the religion for all the oppressed, compelled and deported".

die von Abraham über Isaak und Jakob zum Volk Israel führt.[11] Diese liminale Positionierung Ismails zeigt sich auch in einer gewissen Ambivalenz der religionstheologischen Deutung des Islam. Einerseits nimmt Hayek das traditionelle Motiv der natürlichen Religion auf: Der Islam verkörpert die universale und ursprüngliche Möglichkeit, Gott zu erkennen (vgl. Hayek 1964, 224–225 und 238–240).[12] Gerade aus dem Anliegen heraus, die Eigenständigkeit des islamischen Glaubens zu würdigen, versteht Hayek den Islam ausdrücklich als parabiblische Religion: Chronologisch, so Hayek, tritt er nach Pfingsten auf, doch in der prophetischen Heilsgeschichte ist er vor dem Dekalog, ja vor den Verheißungen Abrahams situiert.[13] In diesem Sinne ist der Islam der Bundesgeschichte vor- und der Schöpfungstheologie zugeordnet. Zum anderen reduziert Hayek den Islam nicht vollkommen auf die natürliche Gotteserkenntnis, sondern sieht in ihm auch eine Realität der Gnade und damit der Offenbarung (vgl. Hayek 1964, 240–246). Auch wenn Hayek im islamischen Glauben keine eigenständige Offenbarungserkenntnis sieht, hat der islamische Glauben für den christlichen Glauben eine unverzichtbare Bedeutung, die über die natürliche Gotteserkenntnis hinausgeht: Hayek formuliert ausdrücklich, dass der Islam den Völkern des Buches helfe, ihre Vorstellung von Gott und seiner Verheißungen zu erweitern.[14] Zumindest implizit erkennt Hayek eine eigenständige Rolle des islamischen Glaubens in der Heilsgeschichte und müsste damit auch eine pluralere Bundesgeschichte denken können.[15] Dieser letzte Schritt bleibt bei ihm jedoch unausgeführt – metaphorisch gesprochen bleibt Ismail in der Wüste und auf der einen Seite der Grenze stehen.[16]

Über diese religionstheologische Ambivalenz hinaus bleiben problematische Aspekte, von denen nur zwei zu benennen sind. Das Anliegen Hayeks, den Islam als Bewahrung eines ursprünglichen Monotheismus auf der Schwelle zur Heilsgeschichte zu situieren, öffnet die Tür für stereotype Zuschreibungen: Er steht theologisch für eine weltlose Transzendenz Gottes, religiös für erstarrte Riten und Dogmen, sozial für archaische Sitten, in den Tugenden mehr für Mut als für Klugheit und auch für eine ungezügelte Fruchtbarkeit (vgl. Hayek 1964, 227, 229–230,

---

11 Aoun (2005, 36) spricht vom „statut médiane, interstellaire".
12 In dieser Hinsicht sagt Hayek (1964, 34) ganz traditionell: „Son [Mahomet] experience spirituelle personelle, ne conduit pas au-delà des limites humaines".
13 „Il s'est arrêté au seuil de la Bible et refusa d'entrer dans l'histoire sainte." (Hayek 1964, 245).
14 „L'Islam aide ainsi les Gens du Livre à élargir leurs conceptions de Dieu et sa promesse." (Hayek 1964, 83).
15 „Aussi la théologie des origines ouvre-t-elle la voie à un théologie de l'économie divine plurielle." (Aoun 2005, 24). Hayek (1964, 221–222) spricht ausdrücklich vom Islam als Teil der Heilsgeschichte. (Vgl. auch Faraj 2020, 109).
16 „Si l'Islam est le point ultime auquel sont parvenues les religions en dehors de la révélation biblique, il est aussi l'obstacle à son point culminant." (Hayek 1964, 252).

232 und 234). Diese Stereotypen setzen sich in Bezug auf das Judentum fort: Der jüdische Glaube steht wesentlich für die Partikularisierung des ursprünglichen Monotheismus und für die Gefahr des Exklusivismus in einem ausschließenden Erwählungsbewusstsein (vgl. Hayek 1964, 210 und 248–250). Es ist der christliche Glaube, der die Linie Isaaks als Erfüllung der biblischen Verheißungen verkörpert (vgl. z. B. Hayek 1964, 222–223). Recht deutlich steht hinter seiner Deutung Ismails also eine nur wenig relativierte Substitutionstheologie. Man muss folglich die Anregung Hayeks, die Ismailfigur in ihrem eigenständigen und konstruktiven Potential für eine christliche Deutung des Islam zu durchdenken, aufgreifen und weiterführen.

## 1.2 Der differenzierte Abrahamsbund – Berthold Klappert

Da die Schwäche Hayeks gerade in einer theologischen Unterbestimmung des christlich-jüdischen Verhältnisses lag, bieten sich die Überlegungen Berthold Klapperts in besonderer Weise an, die dieser in dem 2019 erschienenen Werk „Der NAME Gottes und die Zukunft Abrahams" vorgelegt hat. Denn der 1939 im heutigen Indonesien geborene Theologe, der von 1974 bis 2004 in der reformierten Tradition von Barth, Bonhoeffer und Iwand an der Kirchlichen Hochschule Wuppertal lehrte, ist fest verankert in dem christlich-jüdischen Gespräch, das seine biblisch orientierte Systematische Theologie tief geprägt hat.

Zunächst kommt Klapperts Entwurf dem Anliegen Hayeks, den er nicht erwähnt, ganz nahe: Auch Klappert will die theologische Bedeutung des Islam durch eine genealogische Deutung bestimmen, die die vernachlässigten Figuren von Hagar und Ismail aufwertet.[17] Anders als Hayek denkt er, durch die exegetischen Untersuchungen von Jürgen Ebach und Thomas Naumann inspiriert (vgl. Klappert 2019, 267), jedoch gleichsam von der anderen Seite der Grenze her. Denn Klappert setzt ganz klar bundestheologisch an: „Die Hebräische Bibel spricht nicht nur von einer Beziehung Ismaels zum Schöpfergott, wie sie für alle Völker besteht, sondern viel intensiver von der Beziehung Ismaels zum Gott des ungekündigten Bundes." (Klappert 2019, 138). Die bundestheologische Zuordnung Ismails stellt den jüdisch-christlich engagierten Theologen vor eine doppelte Aufgabe: Einerseits möchte Klappert die bleibende Heilsrelevanz der Erwählung Israels und damit die Bedeutsamkeit der heilsgeschichtlichen Linie von Abraham über Isaak und Jakob heraus-

---

17 Ganz nahe an Hayeks Anliegen, doch unter Umgehung des Substitutionsmotivs gegenüber dem Judentum, formuliert Klappert (2019, 259): „*Es gibt eine weltweite genealogische und spirituelle Abraham-Hagar-Ismael-Gemeinde der islamischen Umma* [Kursivierung im Original, d.A.] wie es auch eine weltweite genealogische und spirituelle Abraham-Sara-Isaak-Gemeinde gibt."

stellen.[18] Andererseits möchte er die Eigenständigkeit der Figur Ismails gerade innerhalb des Abrahambundes ausarbeiten. Diese bundestheologische Neuorientierung kann man in folgenden Akzentsetzungen näher umreißen:

Erstens schwächt Klappert die traditionell betonte Konflikthaftigkeit im Bruderverhältnis von Ismail und Isaak ab. Hierzu arbeitet er alternative Übersetzungen der Formulierungen aus, mit denen der konstitutive Bruderkonflikt begründet wurde: In den Augen Klapperts stehen sich die Brüder nicht einander feindselig gegenüber, sondern sind zu einem abgegrenzten und zugleich verbundenen Nebeneinander bestimmt.[19] Anders als bei Jakob und Esau, so Klappert, wird in Bezug auf das Paar Ismail/Isaak kein Bruder-, sondern eigentlich ein Mütterkonflikt erzählt.

Klappert betont zweitens, dass Ismail genealogisch und theologisch Same Abrahams ist. Anders als die traditionelle Deutung will Klappert nicht exklusiv zwischen einer Bundeszusage an Ismail und Segensworten gegenüber Hagar und Ismail unterscheiden, ohne jedoch beide einfachhin gleich zu setzen: Auch Ismail werden zwölf Stämme verheißen, er wird als erster mit dem Zeichen des Bundes beschnitten, er erhält einen eigenen theophoren Namen, sein Siedlungsgebiet (Gen 25,18) löst die Verheißung an Abraham (Gen 15,18) mit ein, schließlich stehen beide am Grab Abrahams zusammen (Gen 25,9) und werden auch retrospektiv zusammen als Söhne Abrahams benannt (1Chron 1,28). Alle Elemente des Bundes – segensvolle Fürsorge, Fruchtbarkeit und Mehrung für die Nachkommen – sind auch Ismail gegenüber gegeben (vgl. Klappert 2019, 269–271). Deshalb, so Klappert, ist die Segensverheißung an Ismail in Gen 17,20 nicht mit einem disjunktiven „aber" von dem Isaakbund abzusetzen, sondern durch ein „und" – nachbarschaftlich, wie Klappert betont – mit ihm zu verbinden (vgl. Klappert 2019, 274–275, 290, 300 und 304). Ismail wird zwar nicht in das Volk Israel, sehr wohl aber in die Segens- und Bundesgeschichte Abrahams mit hineingenommen (vgl. Klappert 2019, 139 und 288). So hat der Segen, der von Abraham ausgeht, für Klappert eine dreifache Struktur: Es ist der Segen über Isaak, über Ismail und über die Völker oder, genauer: der Segen über Isaak, zu dem die Völker hinzukommen und dem auch

---

**18** In diesem Kontext betont Klappert (2019, 249-251), dass die Völker, zu denen die heidenchristlichen Christusgläubigen gehören, zum Bund Gottes mit Israel hinzukommen.
**19** So in Bezug auf Gen 16,12 und Gen 25,18: Klappert übersetzt unter Hinweis auf den Gebrauch im Handelskontext „er mit allen Brüdern und alle mit ihm" anstelle von „seine Hand auf allen, die Hand aller auf ihm" (Gen 16,12). Zudem betont er, dass das „Gegenüber in der Formulierung „Allen seinen Brüdern gegenüber wird er wohnen" (Gen 16,12 und 25,18) keine Gegnerschaft, sondern das angrenzende Wohnen, also gerade die Einlösung der gemeinsamen Landesverheißung meint. Von den Genesisstellen sind die Ismailkritischen Deutungen in Ps 83,7 und Ri 8,24 zu unterscheiden. (Vgl. Klappert 2019, 271-274).

Ismail auf eigenständige Weise zugeordnet ist (vgl. Klappert 2019, 136, 139–140, 254, 288 und 294).

Drittens stellt Klappert die bleibende und unauflösliche Fremdheit von Ismail heraus (vgl. Klappert 2019, 274 und 305 sowie Ebach 2010, 10–12). Ganz bildlich kommt dies in der Segensverheißung über Ismail zum Ausdruck: „Er wird ein Mensch sein wie ein Wildesel". Der Wildesel wird mehrfach in der Bibel genannt und stets als nicht zähmbares, freies und ungebundenes Tier dargestellt. Doch anders als die christliche Tradition, die mit zum Teil grotesker Verzeichnung die Aggressivität, die Feindseligkeit und den geradezu barbarischen Charakter des Esels hervorhebt, steht der Wildesel für ein Tier, das dem Menschen nicht nützlich ist und doch seinen gewollten Platz in Gottes Schöpfung hat. Und genau dies gilt für Ismail – er ist Teil des Segens, ja sogar des Bundes, aber gerade in seinem Unterschied zu Isaak. Auch Ismail ist ein Abrahamsspross, aber er bleibt eigenständig, widerspenstig und fremd.[20] Für Klappert gibt es also – im Unterschied zu Hayek – eine gottgewollte Fremdheit und Andersheit innerhalb der Abrahamsverheißungen.

Insgesamt wird in den Überlegungen Klapperts eine biblisch-theologisch bestimmte Bundesgeschichte sichtbar, die nicht auf eine Supersession des Christentums hinausläuft, sondern integrierend-differenzierend Islam, Judentum und Christentum zueinander hält: „Unsere in Jesus Christus vollzogene Mitberufung zu Abrahamskindern stellt die ökumenische Kirche in eine Beziehung zum Israel-Volk, dem Judentum, zur Abrahams-Gemeinschaft, dem Islam, und zu der einen, unteilbaren Menschheit, der der ungeteilte Segen Abrahams letztendlich gilt." (Klappert 2019, 147). Kritisch ist anzumerken, dass das schöpfungstheologische Motiv, das in der Argumentation Hayeks dominierte, nun ganz zugunsten der Bundestheologie verschwunden ist. Damit aber ist ein auch inhaltlich belastbarer und weiterführender Anknüpfungspunkt zum Koran und zum islamischen Offenbarungsverständnis ausgeblendet. Hier wäre durch eine schöpfungstheologische Weitung der dialektisch geprägten Theologie Klapperts eine Fortentwicklung denkbar.[21]

---

**20** Konsequent erhält Hagar auch eine Offenbarung eines eigenen Gottesnamens – *El-Roi*. Zweifellos wäre es unsinnig, hier einen anderen Gott als den Gott Abrahams, Isaaks und Jakobs anzunehmen. Und doch wird die Differenz zu der Offenbarung des Tetragramms, die mit der Geschichte des Volkes Israel konstitutiv verbunden ist, nicht einfach synthetisierend übersprungen. Nachbarschaft in der Elohim-Erfahrung bedeutet nicht Identität in der Namensoffenbarung. (Vgl. Klappert 2019, 277–281 und 285).
**21** Vgl. den voraussichtlich Ende 2024 in den QD erscheinenden Aufsatz: Tobias Specker, „Ein jedes Geschöpf, mag es auch schweigen, redet in Wirklichkeit!" Schöpfung, Sprachlichkeit und Wort Gottes – eine christliche Offenbarungstheologie in Beziehung zu islamischen Ansätzen.

Schaut man beide Autoren zusammen, so ist deutlich, dass die wiederentdeckte Figur Ismails tatsächlich ein erhebliches – und im Blick auf seine geschichtliche Verwendung noch weiter zu schärfendes – konstruktives intertheologisches Potential hat: Die Figur Ismails eröffnet Graubereiche zwischen natürlicher Theologie und Offenbarungsgeschichte, zwischen Bundes- und Schöpfungstheologie und zwischen Gottesvolk und den Völkern. Sie kann zudem die christlichen Beziehungen zum Judentum und zum Islam zusammenhalten, ohne sie einfachhin symmetrisch zu nivellieren. Kurz: Die liminale Positionierung Ismails eignet sich hervorragend, um Verflechtungsphänomenen auch systematisch-theologisch gerecht zu werden.

## 2 Koranische Resonanzen

Die Figur Ismails bietet ein noch wenig ausgeschöpftes integratives Potential für eine theologische Deutung des Islam. Doch handelt es sich um eine eindeutig christlich bestimmte Islamtheologie mit spezifisch biblisch-christlichen Konzepten von Heilsgeschichte, Bund, Verheißung und Segen. Dies ist zweifellos legitim, antwortet Berthold Klappert doch selbst auf die Frage des islamischen Theologen Fuad Kandil: „Daher meine Frage an die Christen: Sehen Sie eine Möglichkeit, die Muslime im Rahmen Ihres ‚religiösen Systems' oder Ihres ‚religiösen Paradigmas' [...] einzustufen?" (Klappert 2019, 128). Doch auch wenn die intertheologische Reflexion der Verflechtungsgeschichten immer von einer spezifischen theologischen Position aus geschieht, darf sie nicht zu einer monologischen Deutung der Verflechtung werden, sondern muss zumindest fragen, ob das jeweilige theologische Konzept auch Resonanzen in der anderen religiösen Tradition findet.

Ernüchternd muss man zunächst festhalten, dass Angelika Neuwirth, die wie kaum jemand anders den Verflechtungen des Koran mit den parallelen Formationen christlicher und jüdischer Quellen ihre Aufmerksamkeit geschenkt hat,[22] sich sehr skeptisch zur Bedeutung Ismails im Koran äußert: Ismail, so Neuwirth, „hat keine dem jüdischen Isaak vergleichbare Position" (Neuwirth 2016, 201). Und noch schärfer: „Die Figur Ismails [wird] weder im Koran noch im Islam theologisch nachhaltig wirksam" (Neuwirth 2016, 202 Fn99). Ihre differenzierte diachrone Betrachtung der Figurenkonstellationen kommt zur umgekehrten Auffassung Hayeks und betont, dass Ismail seine gesamte Bedeutung sekundär aus der Bedeutung der Abrahamfigur erlange. Nun ist dieses pointierte Urteil m. E. dadurch bedingt, dass Neuwirth die Figur Ismails wesentlich von der koranischen Verwandlung der Ake-

---

[22] Und dabei explizit auch die Abrahamsgeneaologie als Knotenpunkt der Verflechtung bedenkt (vgl. Neuwirth 2016, 169).

dah-Tradition her versteht und die verwandelte Akedah-Tradition wiederum als das entscheidende Moment im Gründungsnarrativ des Islam als abrahamitischer Religion ansieht (vgl. Neuwirth 2016, 170 und 193–202). Tatsächlich wird die Figur Ismails – anders als in der späteren islamischen Tradition – im Kontext der Akedah nicht genannt. Doch kann man, so ist nun zu fragen, daraus schließen, dass Ismail für den Koran keine theologische Bedeutung hat?

In Bezug auf die typologische Reinterpretation der mekkanischen Kaabatraditionen im Koran zeigt die Tatsache, dass der zum Opfer bereite Abrahamsohn im Koran nicht namentlich bezeichnet wird, nicht notwendig eine Bedeutungslosigkeit der Ismailfigur an. Im Gegenteil kann die Namenlosigkeit auch eine intertextuelle Strategie sein, die die festgefügte Isaaktradition öffnen will. Zudem ist die typologische Reinterpretation zumindest mittelbar sehr wohl mit Ismail verbunden. Denn Neuwirth schließt sich in der Interpretation des Verses 37:20 (*fa-lammā balaġa maʿahū l-saʿya*) der Deutung an, die hier nicht das Erreichen des lauffähigen Alters, sondern konkreter den vollzogenen Pilgerritus des *saʿy*, des Pilgerlaufes zwischen aṣ-Ṣafā und al-Marwa, gegeben sieht (vgl. Neuwirth 2016, 189). Dieser aber spielt auf Hagars verzweifelte Suche nach Wasser an – eine Szene, die weniger auf Abraham als auf die eigenständige Rettungsgeschichte Hagars und Ismails deutet. Hagar und Ismail spielen also in der Abrahamisierung der mekkanischen Pilgerriten durchaus eine symbolgebende Rolle.[23]

Vor allem aber hat die Figur Ismails durchaus eine eigenständige theologische Bedeutung, wenn man über die Akedah-Tradition hinausschaut.

Zum ersten Mal tritt Ismail in mittelmekkanischen Versen – und dort eigenständig ohne Abrahamsbezug – auf (19:54 f. und 21:85 f.): Auch wenn die Benennung kurz ist, so ist sie nicht ohne theologische Bedeutung, wird Ismail doch als Repräsentant von Treue und Zuverlässigkeit eingeführt. Noch bedeutender erscheint seine Bezeichnung als Rechtschaffener, denn interessanterweise werden auch Jakob und Isaak in einem Vers im näheren Umfeld der ersten Erwähnungen Ismails als Rechtschaffene charakterisiert (21:72 f.). Damit besteht ein untergründiger Bezug unter den Abrahamsöhnen, der inhaltlich bestimmt ist.[24] Es geht also

---

[23] Dies bleibt auch erhalten, wenn man den Vers als späteren medinensischen Einschub versteht (so Neuwirth 2017, 201). Auch dann wird das Hagar-/Ismailmotiv nicht einfach als bloße Mitwirkung an der Bedeutung Abrahams hinzugefügt, sondern hat einen eigenen Akzent der barmherzigen Rettung in höchster Not.

[24] Möglicherweise liegt in dieser koranisch bedeutsamen Bezeichnung als Rechtschaffener ein Integrationspunkt der Nachkommen Abrahams unabhängig von dem Motiv der Bindung des Abrahamsohnes, anhand dessen später, medinensisch, die dreigliedrige Konstellation „Abraham, Isaak und Jakob" zur viergliedrigen Konstellation „Abraham, Ismail, Isaak und Jakob" erweitert werden kann.

bei Ismail von vornherein nicht um die bloße Nennung eines weiteren Sohnes, sondern um ein theologisches Programm.

Auf eine theologische Füllung der Ismailfigur deutet auch seine erste Nennung in der Konstellation mit seinem Vater Abraham hin. In den abrahamischen Kontext tritt Ismail in der spätmekkanischen Versgruppe 14:35–41 ein – und dies sogleich mit einer theologischen Sinnspitze: Neuwirth selbst weist darauf hin, dass Abraham an dieser Stelle zum ersten Mal als Träger einer kollektiven Verheißung auftritt (vgl. Neuwirth 2016, 193): Seine physische Nachkommenschaft wird zur spirituellen erweitert und ihm wird ein neuer Ort erschlossen – Abraham erhält eine „Extraheimat außerhalb des Heiligen Landes" (Neuwirth 2021, 693). Man darf m. E. nicht unterschätzen, dass genau in diesem Moment die Figur Ismails zur Figur Abrahams hinzutritt. Man könnte also vermuten, dass gerade die Erweiterung der Abraham-Isaak Konstellation um eine weitere Person, um die Figur Ismails, auch mit der Erweiterung des heilsgeschichtlichen Konzeptes zu tun hat. Wenn dem so ist, dann kann die Figur Ismails tatsächlich theologisch mit einer Brücken- und Öffnungsfunktion verbunden werden.[25]

Hierfür sprechen auch die medinensischen Erwähnungen Ismails: Über das Mitwirken beim Kaababau hinaus erscheint Ismail gerade für die Kollektivierung der Frömmigkeit Abrahams bedeutsam (vgl. auch Neuwirth 2016, 201). So wird das Gebet nach dem Kaababau (2:127–129) in der ersten Person Plural gesprochen. Inhaltlich wird zudem entsprechend um eine (spirituelle) Nachkommenschaft der beiden Gottergebenen Abraham und Ismail gebetet – eine umso bedeutsamere Nuance, wenn man hier wie Neuwirth eine Analogie zu Salomos Tempelweihgebet sieht, das ja nach biblischer Tradition als alleiniger Repräsentant für das Volk Israel gesprochen ist. Ismail ist also auch hier mit einem Öffnungs- und Erweiterungsmotiv verbunden. Dieses schlägt sich m. E. noch einmal besonders in der Erweiterung der mittel- bzw. spätmekkanischen Dreigliedrigkeit „Abraham, Isaak und Jakob" (12:38 und 38:45) zur medinensischen Mehrgliedrigkeit „Abraham, Ismail, Isaak, Jakob und die Stämme" (2:136; 2:140; 4:163) nieder. Es ist schwerlich abzuweisen, dass hier eine recht auffällige Integration Ismails in die Genealogie Abrahams geschieht, die mehr ist als eine bloße Ergänzung der Söhne und Nachkommen. Die theologische Dimension stellt Neuwirth in ihrem Korankommentar selbst heraus: „Er, der in Gen 15 zum Träger von hochpolitischen Verheißungen für seine Nachkommen über Isaak geworden ist, wird im Koran mit entsprechenden Verheißungen für seine Nachkommen über Ismael, d. h. für die Araber, aus-

---

25 So auch Neuwirth im Korankommentar: „Diese exklusiv jüdisch-christliche Genealogie Abraham-Isaak-Jakob wird erst später (in Q14) aufgebrochen, wo auch Ismael als Abraham-Sohn ins Bild tritt." (Neuwirth 2017, 624).

gezeichnet." (Neuwirth 2017, 50). Es ist m. E. in diesem Sinne, wenn der Vers 2:133 explizit zu Jakob als „deine[m] Gott [...], den deiner Väter Abraham und Ismael und Isaak" spricht. Noch einmal wird Ismail mit der Öffnung und integrativen Orientierung des koranischen Verständnisses von Abrahams Nachkommen verbunden. Kurz: Es dürfte nicht zu viel gesagt sein, Ismail als heilgeschichtliche Öffnungsfigur zu bezeichnen.

Schaut man auf die knappen Skizzen zu einem koranischen Verständnis der Figur Ismails zurück, so kann man bei aller Unterschiedlichkeit Verbindungslinien zu der Deutung Ismails in einer christlichen Islamtheologie erkennen: Erstens steht er für das Zugleich von Nähe und Eigenständigkeit zur biblischen Tradition. Zweitens ist er durchaus mit den heilsgeschichtlichen Topoi von Verheißung und Segen verbunden. Drittens symbolisiert er eine religionstheologische Neuorientierung und Öffnung der abrahamischen Geschichte, die eher auf Integration als auf Substitution vorangegangener religiöser Traditionen zielt. Die skizzierte christliche Deutung bleibt also nicht ohne Resonanz. Dem koranischen Profil Ismails, vor allem aber auch seiner Deutung in der nachkoranischen Tradition,[26] ist weiter nachzuforschen – um Ismail als eine noch deutlicher konturierte intertheologische Figur zu etablieren.

## Literaturverzeichnis

Aoun, Mouchir. 2005. „Vers une compréhension théologique chrétienne de l'islam. L'apport de Michel Hayek: l'islam dans la vocation d'Ismael." *Courrier Œcuménique du Moyen-Orient* 52: 20–42.

Ebach, Jürgen. 2010. „Der Exodus der Sklavin und das Lebensrecht des Wildesels." https://www.bibel-in-gerechter-sprache.de/wp-content/uploads/Ebach-OEKT2010-BA-Gen9.pdf (letzter Abruf 09.03.2024).

Faraj, Rita. 2020. „Father Michael Hayek and the Studies of Islam. In search of Ismael's secret." https://www.academia.edu/99306641/FATHER_MICHEL_HAYEK_AND_STUDIES_OF_ISLAM_IN_SEARCH_OF_ISHMAELS_SECRET (letzter Abruf 09.03.2024).

Hainthaler, Theresia. 2007. *Christliche Araber vor dem Islam. Verbreitung und konfessionelle Zugehörigkeit. Eine Hinführung.* Leuven: Peeters.

Hayek, Michel. 1964. *Le Mystère d'Ismaël.* Tours: Maison Mame.

Jakob, Joachim. 2021. *Syrisches Christentum und früher Islam. Theologische Reaktionen in syrischsprachigen Texten vom 7.–9. Jahrhundert.* IST 95. Innsbruck: Tyrolia-Verlag.

---

26 Man kann bereits darauf verweisen, dass Ismail im kontroverstheologischen Ansatz des ʿAlī aṭ-Ṭabarī eine wichtige Rolle spielt. Er widmet das IX. Kapitel dem Argument „Ohne Muhammad wäre Prophetie der Propheten über Ismail nichtig gewesen und seine Verheißung nicht erfüllt". (Vgl. aṭ-Ṭabarī 2021, 326–339)

Klappert, Berthold. 2019. *Der NAME Gottes und die Zukunft Abrahams. Texte zum Dialog zwischen Judentum, Christentum und Islam*. Stuttgart: Kohlhammer.
Naumann, Thomas. 2002. „Die biblische Verheißung für Ismael als Grundlage für eine christliche Anerkennung des Islam?" In *Lernprozess Christen Muslime Gesellschaftliche Kontexte – Theologische Grundlagen – Begegnungsfelder*, hg. v. Thomas Naumann, Andreas Renz und Stefan Leimgruber, 152–170. Münster 2002: LIT.
Neuwirth, Angelika. 2017. *Der Koran. Band 2/1: Frühmittelmekkanische Suren*. Berlin: Suhrkamp.
Neuwirth, Angelika. 2021. *Der Koran. Band 2/2: Spätmittelmekkanische Suren*. Berlin: Suhrkamp.
Neuwirth, Angelika. 2016. „Wissenstransfer durch Typologie. Relektüren des Abrahamsopfers im Koran und im islamischen Kultus." In *Denkraum Spätantike: Reflexionen von Antiken im Umfeld des Koran*, hg. von Angelika Neuwirth und Nora Schmidt, 169–207. Wiesbaden: Harrassowitz.
Sievers, Mira und Tobias Specker. 2021. „Intertheologie. Jenseits von Gemeinsamkeiten und Unterschieden." *Wort und Antwort* 62 Heft 4: 167–173.
aṭ-Ṭabarī, ʿAlī. 2016. *The polemical works of ʿAlī al-Ṭabarī*. Edited by Rifaat Ebied and David Thomas. History of Christian-Muslim relations. Bd. 27. Leiden/ Boston: Brill.

www.ingramcontent.com/pod-product-compliance
Lightning Source LLC
Chambersburg PA
CBHW051410290426
44108CB00015B/2228